Actes du Colloque 2015

Serpent Rouge

39

LES ÉDITIONS DE L'ŒIL DU SPHINX
36-42 rue de la Villette
75019 PARIS, France
www.œildusphinx.com
ods@œildusphinx.com

© 2016 LES ÉDITIONS DE L'ŒIL DU SPHINX

ISBN : 979-10-91506-45-8
EAN : 9791091506458
Serpent Rouge N°39
ISSN de la collection : 1768-5648
Dépôt Légal : juin 2016

La photo de couverture est signée Kris Darquis ©

ACTES DU COLLOQUE

RENNES-LE-CHÂTEAU

2015

LES ÉDITIONS DE L'ŒIL DU SPHINX
36-42 rue de la Villette
75019 PARIS, France
www.œildusphinx.com
ods@œildusphinx.com

Association pour les Recherches Thématiques sur Bérenger Saunière

ACTES DU COLLOQUE

RENNES-LE-CHÂTEAU

(Juin 2015)

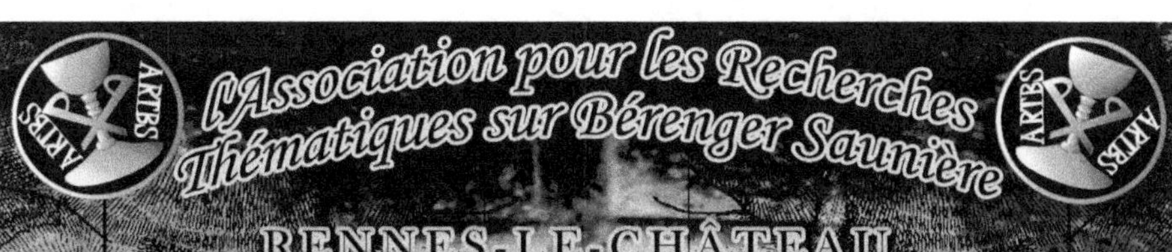

L'Association pour les Recherches Thématiques sur Bérenger Saunière

RENNES-LE-CHÂTEAU

XIIIᵉ COLLOQUE DÉDIÉ À HENRI BOUDET À L'OCCASION DU CENTIÈME ANNIVERSAIRE DE SA MORT

(30 mars 1915)

SAMEDI 6 JUIN 2015

(SALLE DE LA CAPITELLE)

PROGRAMME

10H-10H15, INTRODUCTION PAR YVES LIGNON

10H15-11H, RENNES-LES-BAINS, LE VILLAGE D'HENRI BOUDET PAR KRIS DARQUIS

11H-11H45, HENRI BOUDET, UNE BIOGRAPHIE MYSTÉRIEUSE PAR YVES ECHAROUX

11H45-12H30, HENRI BOUDET, UN PERSONNAGE DE ROMAN PAR CLAUDE BOUDET

12H30-14H15, DÉJEUNER LIBRE

14H30–15H15, HENRI BOUDET, PINCE-SANS-RIRE DE L'ÉGLISE OU LINGUISTE ÉMÉRITE ?
PAR JEAN-CLAUDE ROSSIGNOL

15H15–16H, LES ANCÊTRES DE BOUDET À LA RECHERCHE DE LA LANGUE ORIGINELLE ET SACRÉE
PAR GENEVIÈVE BEDUNEAU

16H-16H30, PAUSE

16H30-17H15, UNE EXEMPLE DE DÉCRYPTAGE DE LA VRAIE LANGUE CELTIQUE PAR JEAN-ALAIN SIPRA

17H15-18H, CONCLUSION ET REMISE DU PRIX BÉRENGER SAUNIÈRE 2015

19H, MANIFESTATION COMMÉMORATIVE POUR LE CENTENAIRE DU DÉCÈS DE L'ABBÉ
À RENNES-LES-BAINS.

20H, DÎNER AMICAL À L'HOSTELLERIE DE RENNES-LES-BAINS.

MODALITÉS D'INSCRIPTION

FRAIS D'INSCRIPTION, 20€ PAR PERSONNE

HOSTELLERIE
DE
RENNES
LES
BAINS

DÎNER 25€ PAR PERSONNE TOUT COMPRIS.

RENSEIGNEMENTS

PHILIPPE MARLIN 06.11.72.38.06 OU LIBRAIRIE ATELIER EMPREINTE 04.68.74.26.71
ODS@OEILDUSPHINX.COM

COLLOQUE D'ÉTUDES ET DE RECHERCHES

RENNES-LE-CHÂTEAU

Salle de la Capitelle, samedi 6 juin à 10 h

Une manifestation des associations Œil du Sphinx, ARTBS, avec le soutien du Cercle du 17 janvier et de la municipalité de Rennes-les-Bains

Commémoration d'Henri Boudet à l'occasion du centième anniversaire de sa mort le 30 mars 1915

PROGRAMME

Remarque liminaire : André Goudonnet, spécialiste incontesté de l'œuvre de Boudet, nous a dit qu'il lui serait très difficile de venir. Il est certain que, s'il pouvait se libérer, nous lui donnerions la place qui lui revient dans le programme.

10 h – 10h15, introduction par Yves Lignon

10h15 – 11 h, *Rennes-les-Bains, le village d'Henri Boudet* par Kris Darquis

11h – 11h45, *Henri Boudet, une biographie* par Yves Echaroux

11h45 – 12 h30, *Henri Boudet, un personnage de roman* par Claude Boudet

12h30 – 14h15, déjeuner libre

14h30 – 15 h 15, *Henri Boudet, pince-sans rire de l'Église ou linguiste émérite ?* par Jean-Claude Rossignol

15h15 – 16 h, *Les ancêtres de Boudet à la recherche de la langue originelle et sacrée* par Geneviève Beduneau

16h – 16h30, pause

16h30 – 17h15, *Un exemple de décryptage de la Vraie Langue Celtique* par Jean-Alain Sipra

17h15 – 18 h, Conclusion et remise du prix Bérenger Saunière 2015

18 h 30, Manifestation commémorative pour le centenaire du décès de l'abbé à Rennes-les-Bains en présence du Maire de la commune et du Conseil Municipal.

20h, dîner amical à l'Hostellerie de Rennes-les-Bains.

SOMMAIRE

HENRI BOUDET, UN MYSTÈRE DANS LE MYSTÈRE ?

Yves Lignon ©

Qu'il existe un mystère autour de Bérenger Saunière nul n'en doute et ce mystère ne se dissipera un jour que si des certitudes remplacent des hypothèses. Se demander si un second mystère, géographiquement proche, doit être inclus dans le premier est une bonne question.

Car enfin Henri Boudet, prêtre à 24 ans, arrivant à Rennes les Bains 11 ans plus tard après avoir occupé trois autres presbytères va rester sur les bords de la Sals pendant 42 ans. On peut penser que la proximité de Quillan, son lieu de naissance, y est pour quelque chose. On peut penser aussi que comme Saunière il ne voulait pas quitter une paroisse où il se trouvait si bien.

Parce qu'à le dire franchement, les obligations d'un curé du Razès de l'époque (492 habitants à Rennes-les-Bains en 1872, seulement 325 en 1911) laissaient du temps libre. On ne baptise, marie et enterre pas à tour de bras tous les jours et du temps libre il en fallait à un lettré comme Boudet (quel profil différent de celui de Saunière) lancé dans l'écriture d'une grande œuvre.

La vraie langue celtique… a demandé 10 ans de travail et a été reçu par les sociétés savantes de la région avec le mépris jésuitique sévissant dans ces milieux là depuis toujours. Le haussement d'épaules a tellement servi qu'on s'en veut de rappeler sa forme. Soit en substance : « La thèse soutenue par ce chercheur respectable est malheureusement en contradiction avec tout ce qu'on nous a appris à l'université ».

Ah oui ? La belle affaire. Puisque les contre-exemples abondent il faut avoir l'audace de se demander : « Et si « La vraie langue celtique… »

était autre chose qu'un rêve fou ? Que la divagation d'un intellectuel à la fois isolé et solitaire s'ennuyant quand le froid blanchit le Bugarach ? ». Poser une telle question revient bien à envisager la possibilité d'un mystère. Ne reste plus alors qu'à étudier avec le maximum de rigueur les deux réponses possibles, le « oui » et le « non ». Pour cela il faut commencer par parler de l'homme et de son milieu de vie puis, puisque nombreux sont ceux qui ont l'idée en tête se demander tout simplement, tout bêtement, si le texte de La vraie langue celtique… ne prend pas tout son sens une fois décrypté.

Les perspectives deviennent ainsi multiples, irritantes pour les uns, enrichissantes pour les autres. Comme toujours, l'ARTBS veut vous proposer plusieurs éclairages, mettre en place plusieurs projecteurs. à chacun ensuite de choisir ceux qui s'éteindront et ceux qui resteront allumés.

CHAPITRE I

LE VILLAGE DE L'ABBÉ BOUDET
OÙ LA RENNES DES BAINS AUDOISE

Kris Darquis ©

Je voudrais en premier lieu remercier Philippe Marlin d'avoir eu l'initiative de consacrer un colloque à l'abbé Henri Boudet pour commémorer le centenaire de la mort de ce personnage emblématique pour nombre de passionnés du mystère de Rennes-le-Château. L'occasion est suffisamment unique pour être soulignée.

Le souvenir de l'abbé Boudet rythmera cette série de conférences. Je me propose ici de relater l'évolution dans le temps du village de Rennes-les-Bains dont ce dernier fut le curé de 1872 à 1914 en abordant quelques éléments liés à son ouvrage *La Vraie Langue Celtique et le Cromleck* de Rennes-les-Bains, publié en 1886. La déclinaison des identités successives de la Rennes des Bains audoise me servira de fil conducteur.

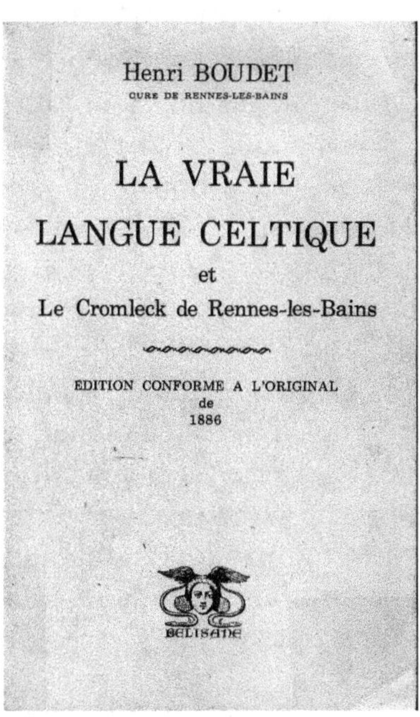

Préambule

Si le village de Rennes-le-Château est géographiquement visible par tous à l'instar d'un phare dominant la vallée et attire depuis des décennies l'attention des touristes et des médias intrigués par l'énigme des constructions de l'abbé Saunière, ce n'est pas le cas de celui de Rennes-les-Bains situé en contrebas, qui resta dans l'ombre jusqu'à ce que Gérard de Sède, dans son ouvrage *l'Or de Rennes* en 1967, jette une lumière sur l'abbé Boudet, auteur d'un livre que d'aucuns pensent codé et détenteur d'un grand secret. Le secteur de Rennes-les-Bains se transformera dés lors en lieu d'investigation pour de nombreux chercheurs en quête d'indices leur permettant de décrypter l'hermétique œuvre littéraire du prêtre. D'autres avant eux consacreront beaucoup de temps et d'énergie à étudier le passé de la cité rennoise pour porter à notre connaissance la richesse de son patrimoine.

La Rennes des sources

Je débuterais par la structure particulière des couches géologiques du secteur, car elle a joué un rôle essentiel dans la fondation du village.

Il y a 70 millions d'années, le relief de la région était totalement plat, ce n'est qu'à l'ère tertiaire (60 Ma) qu'une forte poussée des plaques fit surgir des montagnes comme les Pyrénées et plus près d'ici le pech de Bugarach où les couches inférieures composées de calcaire jurassique (-135 millions d'années) se posèrent sur les couches supérieures de gré du crétacé (-15 millions d'années) d'où l'appellation de mont géologiquement inversé. Ces brusques mouvements de terrain provoquèrent au niveau de Rennes-les-Bains un effondrement géologique nommé synclinal formant une cuvette encaissée entre deux montagnes.

Des eaux ont jaillit des fissures des roches calcaires et des blocs de grès pour rejoindre le lit des rivières en drainant avec elles des oligo-éléments tels que le sel gemme, la magnésite, le fer. Les sources d'eaux chaudes plutoniennes émergeant de terre comme des volcans seront à l'origine du développement thermal de Rennes-les-Bains.

Les archéologues attestent d'une occupation humaine très ancienne. Des cupules paléolithiques et des poteries néolithiques ont été trouvées sur les collines avoisinantes. J'ai pu moi-même observer dans le secteur du Roc d'En Barrou des cupules creusées à la surface d'un rocher en forme de siège dont les configurations spécifiquement féminines pourraient avoir servi pour des rites lunaires de fertilité.

La Rennes du Sud

La *Rennes Celtique*, c'est ainsi qu'Henri Boudet décrit Rennes-les-Bains, lui qui n'aura de cesse pendant les quarante-deux années de son sacerdoce d'arpenter la campagne environnante pour répertorier des éléments mégalithiques laissés par des peuples très anciens et utilisés par la suite par des Celtes.

Des tribus celtes ont en effet migré dans le sud de la Gaule vers 400 avant J.C. L'abbé Boudet s'attarde longuement dans son ouvrage sur l'empreinte laissée par la tribu des Redones dans le paysage local alors que les chroniques historiques se cantonnent à la présence de Volques Tectosages dans la région. Ceux-ci, natifs de Belgique, avaient franchi le Danube au troisième siècle avant J.C. pour se rendre dans le Sud de la France et en Asie Mineure.

Les Riedones ou Redones étaient originaires de la région de Redon et de Rennes (Condate) située en Armorique intérieure correspondant au département actuel de l'Ile et Vilaine. Ils étaient reconnus comme de formidables cavaliers et conducteurs de chars à quatre roues (Red signifiant en celte char). Des stratères redons datés du premier siècle avant J.C. figurent effectivement un cheval androcéphale et la roue d'un chariot à quatre rayons.

Les Redones se seraient établis vers le troisième siècle avant J.C. dans la moyenne et haute vallée de l'Aude et auraient donné le nom de Rhedesium au Razès et de Rhedae à Rennes-le-Château, mais ceci reste encore à démontrer.

Il ne reste aucune trace de l'implantation celte, si ce n'est des chemins d'accès et des ruines de structures de pierres. Un village semble s'être constitué sur les hauteurs du Hameau du Cercle et du Serbaïrou, non loin de la Source de la Madeleine. L'abbé Boudet indique sur sa carte l'emplacement d'une ancienne maison gauloise.

Les Celtes connaissaient les vertus thérapeutiques des eaux chaudes auxquelles étaient vouées des déesses comme Damona. L'abbé Boudet a découvert une tête féminine sculptée pouvant s'apparenter à ce type de divinités et l'a faite encastrer dans le mur de son presbytère. Elle en a été retirée depuis.

Les Celtes possédaient également l'art de l'orfèvrerie, de la céramique et frappaient monnaie mais ont laissé peu d'écrits car les druides interdisaient toute transcription de leur Tradition. Seules des inscriptions gravées sur des pierres témoignaient de rites religieux et marquaient le périmètre de lieux sacrés.

L'abbé Boudet consacre une grande partie de son ouvrage à décrire avec force détails les menhirs renversés et les croix gravées par les premiers missionnaires chrétiens sur des rochers en forme de dolmens. Par ce geste, ceux-ci signifiaient la primauté du christianisme sur la tradition celtique en ôtant le caractère religieux à ces pierres érigées par la main de l'homme. On peut noter sur ces rochers la présence de différents types de croix : des croix à branches égales (croix grecque), en X (croix de saint André) ou en crucifix (croix latine). D'autres demandent à être identifiées car elles ne correspondent pas à un tracé classique. Les concepteurs des premières églises ne s'y sont pas pris autrement en construisant leurs édifices sur les temples dits païens.L'abbé Boudet explique que les Redones, qu'il qualifie de Tribu des Pierres Savantes, ont élevé autour de Rennes-les-Bains un cromlech ou cercle de pierres levées de seize ou dix-huit kilomètres de pourtour destiné à abriter un sanctuaire nommé *drunemeton* où se tenaient les assemblées de sages et de druides. Ce cromlech serait identique dans sa conception et sa fonction au cromlech érigé par les Redones restés en Armorique. Les Redones du Midi et ceux de Bretagne proches par leur culture mais éloignés par la distance auraient ainsi donné respectivement naissance aux deux Rennes.

Il n'y pas à proprement parler de sillage de cromlech autour de Rennes-les-Bains. Néanmoins, la présence de pierres de très grande taille surmontant la colline du Goundhill, au sud du village, est remarquable. La route des Gascous menant à Rennes-le-Château traverse une ligne de rochers de type cyclopéen. Visible de loin, cette enceinte de pierres a même été surnommée par des internautes anglais inspirés, *the Gates of Atlantis*, les *Portes de l'Atlantide*, possiblement en référence au médium visionnaire américain Edgar Cayce qui affirmait qu'une partie des rescapés atlantes s'étaient réfugiés dans les Pyrénées.

Les rochers décrits par l'abbé Boudet font l'objet de promenades ou de circuits touristiques tels que les Roulers, le Fauteuil du diable, la pierre de Dé et la pierre du Pain.

D'autres aux formes anthropomorphiques ou étranges procurent indubitablement aux paysages des allures de Bretagne méridionale.

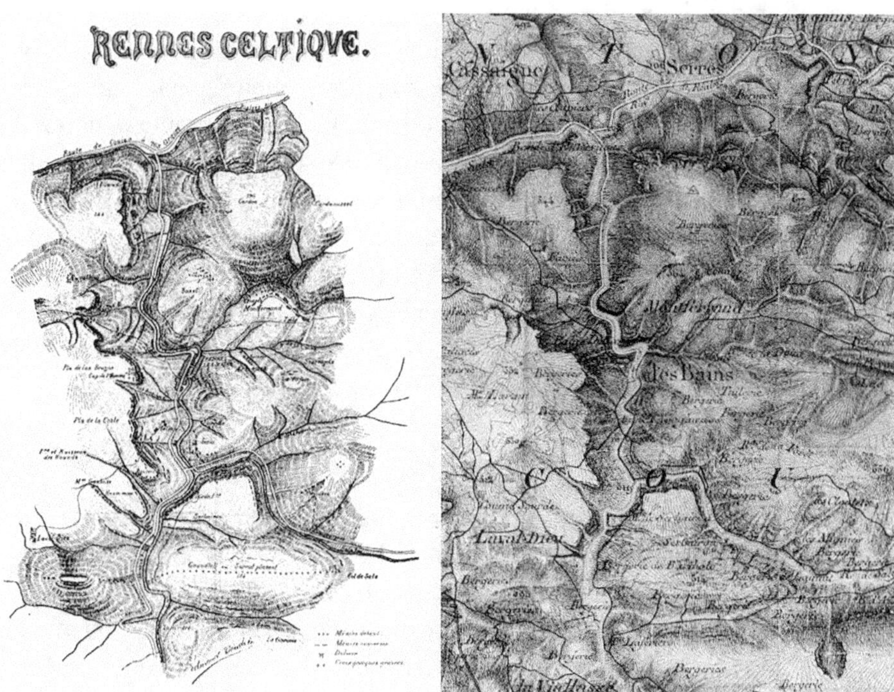

La Rennes miroir

Rennes-les-Bains ferait figure de Rennes du Sud à l'instar d'un site miroir de la Rennes du Nord. Ce sujet faisant l'objet de recherches personnelles, j'évoquerai ici quelques éléments du pays de

Redon — berceau des Redones, situé à soixante-dix kilomètres de Rennes — pouvant faire écho à Rennes-les-Bains et corroborer la thèse de l'abbé Boudet.

Si nous suivons le principe du site miroir, nous devrions trouver un cromlech à Redon. Eh bien, force est de constater sur place que tel est le cas. A seize kilomètres de l'ancienne cité des Redones, dans la localité de Saint-Just précisément, se dresse le deuxième site mégalithique classé de Bretagne, après Carnac. Celui-ci comporte des tumuli, une allée couverte, des alignements de pierres levées et un cromlech de moyenne taille. La toponymie présente des similarités telles que Saint Just, Bain de Bretagne et Le sel de Bretagne.

Une main invisible a-t-elle poussé la commune de Rennes-les-Bains à se jumeler avec la Rennes de Bretagne, en 1985 ? Le panneau de la Place des Deux Rennes arborant les blasons des deux villes illustre parfaitement la communion des deux cités redones.

Pour terminer ce chapitre celtique, gardons à l'esprit qu'à l'époque de l'abbé Boudet l'étude des peuples et des langues celtiques était répandu au sein des sociétés savantes et dans les cercles intellectuels. Pour exemple, Charles de Gaulle, oncle du Général de Gaulle, publia en 1864 un ouvrage sur les Celtes au dix-neuvième siècle. Un courant littéraire assimilé à de la celtomanie n'hésitait pas à accréditer que la langue celtique est la source de toutes les langues. Le besoin de renouer avec des racines préromaines et de mettre en valeur des figures héroïques gauloises tel que Vercingétorix, sortie à cette occasion des limbes de l'histoire, s'est fait jour sous Napoléon III. La démarche de notre abbé s'avère à partir de là beaucoup moins excentrique qu'il n'y paraît.

La Rennes Romaine

Au premier siècle avant notre ère, les Romains conquièrent le sud de la Gaule et fondent la province de la Narbonnaise. La ville de Narbo Martius (Narbonne) se transforma en une cité florissante. La Haute Vallée de l'Aude et les Corbières furent colonisées principalement par des vétérans de la dixième légion accompagnée de leur famille, incités à venir dans ces lointaines contrées par les parcelles de terrain proposées par l'armée romaine en guise de « départs à la retraite bien méritée ». Ces colons mirent à jour d'anciens gisements de minéraux et métaux précieux tels que le cuivre, fer, argent, ambre, jais, plomb et exploitèrent de nouvelles mines. Ils découvrirent les eaux chaudes de Rennes-les-Bains et remontèrent la rivière salée jusqu'à sa source, à Sougraine. Les Romains prirent alors conscience du potentiel qu'ils pouvaient tirer de la

région et décidèrent d'y installer des infrastructures thermales et d'y sédenta-
riser une population autour d'un lieu qu'ils nommeront *Aquae Calidae* (eaux
chaudes). Narbonne ne possédant pas de thermes, le village se transformera
rapidement en une villégiature prisée par la haute société romaine à l'instar
d'un Deauville et deviendra de fait les Thermes de Narbonne. Ces riches romains construiront des résidences secondaires sur les hauteurs du village, principalement sur la rive droite de la Salz pour y effectuer des séjours prolongés
en emmenant avec eux une kyrielle d'esclaves. Le trajet pour se rendre à Aquae
Calidae se faisait en chariot et en litière et prenait trois à quatre jours. Il fallait
emprunter la Via Aquitania reliant Narbonne (Narbo Martius) à Bordeaux
(Burdigala) puis des voies secondaires probablement d'anciens chemins celtiques qui passaient soit par la montagne d'Alaric/Saint Salvayre/Alet/Serres
soit par Carcassonne (Carcasso) jusqu'à Couiza. Un chemin menait au contrebas de Blanchefort pour rejoindre celui de Serres à Rennes-les-Bains en traversant la Salz.

Peu de vestiges du riche patrimoine romain sont encore visibles. Heureuse-
ment, certains historiens et archéologues amateurs ont pu reconstituer l'histoire de Rennes-les-Bains. Un musée aménagé dans l'artothèque abrite
quelques artefacts gallo-romains :

- un cippe romain portant l'inscription C. POMPEIVS QUARTVUS
  P.A.M. SVO sur une face et sur l'autre une branche de laurier.

- une tête féminine sculptée arborant une cupule sur le dessus, apparentée
  à une divinité celtique des eaux.
- une urne antique à la frise de feuilles de laurier ornant autrefois
  la Fontaine du Cercle.

Les Thermes romains ont probablement été construits sous l'empereur Auguste (de 27 av J.C à 14 après J.C). Ce dernier souffrait constamment de rhumatismes. Il résida un temps à Narbonne et on sait qu'il a séjourné dans un établissement des Pyrénées. Un médaillon figurant le dieu romain de la médecine Esculape en guise de vœu pour la santé d'Auguste fut découvert à Rennes-les-Bains. La ville était configurée selon le schéma classique des villes romaines c'est-à-dire deux artères principales le Cardo (axe nord-sud) et le Decumanus (axe est-ouest) se croisant en leur centre où se situaient la place du marché bordée par des échoppes et le forum (actuelle place des deux Rennes), la tribune du forum et le temple ou capitolium généralement dédié à Jupiter se trouvaient en lieu et place de la grande Villa d'aujourd'hui. De l'autre côté de la rue, au niveau de la maison dite Chaluleau (ancien hôtel meublé), on aurait exhumé une déesse romaine ensevelie, tenant dans la main un œuf en marbre blanc et de l'autre un serpent. Le bloc des habitations autour de la boulangerie constitue la partie la plus ancienne du village celle des anciens remparts et du castrum contenant un puits. Un autre marché avait lieu vers le passage voûté (actuel Debowska productions). A la sortie du village direction Bugarach, des vestiges d'un important dépôt d'amphores, d'une carrière, de monuments funéraires et d'autels ont été relevés sur les hauteurs.

La crue de 1992 mit à jour la configuration de l'imposant complexe thermal composé de trois grands bassins de forme différenciée (circulaire, polygonal et rectangulaire) abritant le laconicum (bain de vapeur), le caldarium (bain chaud) et le frigidarium (bain froid) ainsi que des salles annexes et la mosaïque de la piscine. Les plans et détails archéologiques sont accessibles auprès du bureau ECLA.

La Rennes de Boudet

L'origine du nom de Rennes-les-Bains pose question. Voici ce qu'indique le dictionnaire topographique du département de l'Aude de l'abbé Sabarthès (1912).

Ecclesia Sancti Nazarii de Aquis calidis - 1162

Valnei - Balnei 1307

Rector de balneis montisferrandis 1347

Regnes les Bains - 1406

Les Baings - 1594

Bains de Montferrand - 1632
Les Bans - 1642
Les Bains de Monferrand -1781
Les bains - 1807
Rennos, les Bans de Rennos
L'appellation Rennes-les-Bains s'est visiblement établie dans l'usage avec le temps.
Une visite de l'église et du cimetière s'impose. L'un comme l'autre recèlent quelques éléments significatifs pour les amateurs de mystère.

05 – Le porche de l'église

L'église est dédiée à Saint Celse et Saint Nazaire comme la Basilique de la Cité de Carcassonne et apparaît dans les registres dès 1162. Elle est probablement bâtie sur un temple païen réaménagé en église comme il était de coutume aux premiers temps du christianisme.
Suite à des dégradations commises par des pseudos chercheurs et autres curieux indélicats, l'église n'est désormais accessible que pour les offices religieux. Madame Marcelle Delmas, adjointe au maire et véritable mémoire de Rennes, se rend volontiers disponible dès qu'elle le peut pour accompagner les visiteurs qui en font la demande. Gageons que la grosse clef en fer qui lui sert de précieux sésame date de l'époque de l'abbé Boudet.

Le porche de l'église

Les repères des crues survenues en 1891 et 1992 sont visibles à l'entrée.

Le Calvaire Petrus Delmas

Ce calvaire pyramidal en pierre surmonté d'une croix en fer arborant des roses se niche entre un hommage aux héros de la paroisse et une plaque à la mémoire de l'abbé Boudet, curé de Rennes-les-Bains de 1872 à 1914 soit quarante-deux années et de son successeur l'abbé Rescanières de 1914 à 1915 soit une année. Ce détail a de quoi intriguer quand on sait que ce prêtre était âgé de trente-sept ans lorsqu'il fut retrouvé mort, décrit comme gisant sur le parquet de son presbytère, tout habillé avec un visage pâle mais reposé. Dans sa nécrologie, il est indiqué : *La mort était venue en sourdine, comme pour se venger du prédicateur qui avait si souvent osé la regarder en face.* Le rapprochement de cette mort mystérieuse avec l'assassinat de l'abbé Gélis de Coustoussa, survenue en 1897 soit dix-huit plus tôt, dans des conditions effroyables et qui reste à ce jour non élucidé, tant en ce qui concerne l'identité du criminel que son mobile, pourrait aisément servir de trame à un roman policier ou un thriller.

Les inscriptions du socle du Calvaire sont à noter : IN HOC SIGNO VINCES (devise de l'empereur Constantin — par ce signe tu vaincras) et DOMINO VIE RECTORE PETRUS DELMAS FECIT 1856 avec les trois lettres du mot VIE en plus grand et en exergue par rapport au reste du texte. L'abbé Jean Vié fut le prédécesseur immédiat de l'abbé Boudet, de 1840 à 1872. Ce calvaire a donc été élevé — fait à souligner — de son vivant et en son honneur par un certain Pierre Delmas dont on retrouvera le nom sur d'autres calvaires du village. Nous retrouverons dans le cimetière la tombe du même Jean VIE martelée de manière insolite.

Cette inscription a donné lieu à de multiples interprétations. Celle de Jean-Pierre Garcia me semble pertinente car elle associe le mot Petrus (Pierre) à VIE RECTORE (qui montre la voie). Reste à retrouver comme un petit poucet la pierre ou les pierres pour suivre le bon chemin.

Clocher de l'église

Une boule en pierre partage en son centre le **clocher**. Cet élément singularise l'église de Rennes-les-Bains par rapport aux lieux de culte des villages voisins.

L'intérieur de l'église
Gravement endommagés lors de la crue de 1992, l'aménagement intérieur et le mobilier ont dû être remaniés.
Les **deux tableaux de l'église** font l'objet d'une attention particulière
de la part des visiteurs avertis :

• *La Piéta ou le Christ au Lièvre*

Ce tableau fait face à l'autel situé dans la chapelle de droite. Il
représente une piéta, thème
classique de l'iconographie
chrétienne où la Vierge Marie,
accompagnée le plus souvent
de Marie-Madeleine, tient dans
ses bras Jésus après qu'il ait été
déposé de la croix. Gérard de
Sède évoque dans son livre la
présence de la tête d'un lièvre
dessinée dans le genou droit du
Christ d'où le nom de Christ au
Lièvre communément attribué
à ce tableau, peint en 1825 et signé J.B.B Rouch, professeur de
dessin à Limoux.

Cette œuvre picturale serait
inspirée de la gravure *La Lamentation de Paulus Pontius* (dix-septième
siècle) à une différence près, sur celle de Rennes-les-Bains une pierre dolmen figure en lieu et place de Marie-Madeleine sur la gravure. Là encore,
l'élément *pierre* est mis en évidence.

• *La crucifixion*
Situé dans la nef de l'église, ce tableau fut peint par l'abbé Henri Gasc,
aumônier de Notre-Dame-de-Marceille de Limoux et offert à l'abbé
Jean Vié en 1842. Des chercheurs perspicaces ont découvert que le
peintre avait probablement été inspiré par une œuvre classée de style
Caravage du dix-septième siècle se trouvant dans l'église de Pieusse
près de Limoux, à deux détails près : à Rennes-les-Bains, le décor en
arrière-plan a été fortement diminué et à contrario l'existence de rochers entourant la base de la croix fortement accentué.

Il est à noter que les deux tableaux de l'église ont été installés du temps de l'abbé Jean VIE. Les écrivains Franck Dafffos et Jean-Pierre Garcia ont eu l'excellente idée de procéder par ordinateur à la juxtaposition des deux œuvres et ont démontré une continuation des paysages au niveau des rochers. La cohérence de ces tableaux ne peut manquer de susciter des interrogations quand à sa finalité.

J'ai pu observer en compagnie d'amis rennois des effets de lumière à travers un vitrail, ceci en plein milieu de l'après-midi autour du 17 janvier, sur le tableau de la Crucifixion dessinant dans un premier temps un visage puis une spirale entourant les pieds de Jésus.

Le cimetière

07 – Tombes Boudet/Vié

Le cimetière a été réaménagé après la crue de 1992, certaines tombes ayant été emportées par la rivière. Trois tombes comportent des éléments insolites.

La **tombe de l'abbé Jean Vié** (celui-là même qui est mentionné sur le calvaire Petrus) est remarquable par le fait que le jour et le mois de sa mort ont été intentionnellement martelés de façon à former le nombre 17 (le 1 du jour est ajouté au mois de septembre remplacé par le chiffre 7) ce que d'aucuns associent au nom Jean VIE pour composer la date du 17 Janvier, ce même 17 janvier que l'on retrouve à Rennes-le-Château sur la pierre tombale tout aussi martelée de la Marquise de Blanchefort. On peut supposer que c'est la même personne qui a mis en exergue le 17 Jean VIE de la tombe et le VIE du Calvaire. Beaucoup y voient une référence à la date de la sainte Roseline ou Rose line correspondant à une ligne méridienne ou un alignement topographique. Selon les registres de l'évêché, la mort de l'abbé Jean Vié aurait eu lieu le 31 août et non le 1ᵉʳ septembre 1872. Cette erreur de date portée sur la tombe est-elle intentionnelle pour permettre la formation du nombre 17 ? Le mystère reste entier.

A gauche immédiate de cette tombe se situe le **caveau de la famille Boudet** abritant les sépultures de la mère et de sœur de l'abbé qui ont vécu aux côtés de leur frère jusqu'à leur mort au presbytère. Une flèche gravée dirigée vers le haut traverse en son milieu la dalle verticale. Elle pourrait indiquer la direction du Cap de l'Homme où l'abbé Boudet aurait trouvé une sculpture gravée sur un menhir dominant la vallée qu'il qualifiera de magnifique *tête du Sauveur Jésus*. Quand à l'abbé Boudet, il décédera peu de temps après s'être retiré à Axat et sera enterré dans le caveau de son frère Edmond et de la belle-famille de ce dernier.

La présence insolite de **deux tombes portant le nom de Paul Urbain de Fleury** (décédé en 1836, seigneur des lieux, maire et ancien propriétaire des Thermes) fut rapportée par Gérard de Sède. Une tombe a disparu. La tombe restante se compose d'une dalle verticale prolongée par un étrange parallélépipède de pierre en forme de coffre. Les inscriptions sont aujourd'hui illisibles, mais d'après certains sites internet, elles comportaient des anomalies en terme de date et de caractère.

Un **pilier** scellé au mur extérieur de l'église présente une capsa (cavité creusée) similaire à celle du pilier wisigothique soutenant primitivement l'autel de l'église de Rennes-le-Château et déplacé ensuite par l'abbé Saunière dans le jardin.

Tombe de Marius René Choy — surnommé le Chinois — un des plus anciens chercheurs du mystère de Rennes-le-Château qui a tenu à être enterré à Rennes-les-Bains.

Monument aux disparus de la crue du 26 septembre 1992

Le samedi 26 septembre 1992, en fin d'après midi, un déluge de pluies d'une durée de deux heures s'est abattu sur le village provoquant une crue exceptionnelle de la Salz qui emporta sur son passage le vieux pont et la passerelle ainsi qu'une partie des Thermes, le camping, des habitations, des tombes du cimetière et inonda l'église.

Un repère de crue à l'entrée de l'église permet d'évaluer le niveau de la montée des eaux. Les dégâts furent considérables. Les habitants du village ont gardé en mémoire que les eaux s'arrêtèrent au niveau de la petite Vierge de Lourdes, placée dans une niche, qui fut miraculeusement préservée.

Trois habitantes trouvèrent la mort. Une plaque commémorative fut déposée dans le cimetière cinq ans après par le maire Jacques Hortala et le conseil municipal de Rennes-les-Bains. La ville de Rennes en Bretagne apportera une aide financière à sa sœur audoise, lors de cette catastrophe.

08 – Pont vieux après la crue

La Rennes d'aujourd'hui

Démographie

Les chiffres disponibles couvrent la période 1793 à 2012. Le nombre d'habitants a connu des fluctuations avec une moyenne de 300 habitants et une apogée entre les années 1800 et 1911. Le dernier recensement indique un accroissement significatif, de 172 habitants en 2007 à 258 en 2012. Rennes-les-Bains en comptait 492 en 1872, année d'arrivée de l'abbé Boudet.

Politique locale

a région est par tradition un bastion du radical socialisme et continue d'être une terre d'élection de la gauche française. Rien à spécifier concernant Rennes-les-Bains si ce n'est l'émoi et les controverses provoquées en 2012 par l'implantation de caméras de surveillance, amenant le maire et quelques conseillers municipaux à démissionner.

Thermalisme

Alet-les-Bains et Rennes-les-Bains sont les deux seules stations thermales de l'Aude. Rennes-les-Bains s'est spécialisée dans le traitement du rhumatisme.

Il existe actuellement trois sources d'eau chaude dont les principaux minéraux actifs sont le calcium, le magnésium et le lithium.

– Les Bains Doux (37°C) située en extérieur à l'entrée du village

– Les Bains Forts (47,5°C) située sous l'Hostellerie

– Les Bains de la Reine (40°C) située sous la Résidence de la Reine qui correspond aux Thermes. Cette source servait primitivement à l'alimentation des Thermes romains.

2 puits et un forage, fermés aujourd'hui.

– Gieules (38°C) situé dans le sous-sol de la librairie, il fut creusé en 1893.

– Source Marie (39,5°C) qui se trouve dans le sous-sol du local ECLA. A noter que cette source fut découverte par Mademoiselle Marie Gastilleur en 1886, sœur du maire de la commune, mais son exploitation fut l'objet d'un contentieux avec les propriétaires des Thermes de l'époque, la famille de Fleury car elle réduisait le débit de la source des Bains de la Reine. Lorsque les Thermes seront vendus aux enchères en 1889 et se constituera une société qui gérera l'ensemble des sources, la source Marie sera aménagée en établissement thermal comprenant cabines, baignoires et douches à jet.

1 forage

– Le forage Yvroux (route de Montferrand) 33°C.

– Les curistes se rendaient naguère avec leurs gobelets aux quatre sources d'eaux froides situées à l'extérieur du village. A forte teneur de sulfate et de fer, elles étaient particulièrement recommandées pour guérir les affections digestives et l'anémie. Elles ne sont plus exploitées.

– **Source du Pontet**, à l'entrée du village

– **Source du Cercle**, sur la route menant à Bugarach, au niveau du Hameau du Cercle

– **Source de la Madeleine** ou fontaine de la Gode selon l'abbé Boudet que d'aucuns n'hésitent pas à relier romantiquement à Marie-Madeleine. Elle figure le centre du cromlech de l'abbé Boudet.

– **Fontaine des Amours**
Rennes-les-Bains fait partie des trente villages traversés par la Méridienne Verte mise en place en l'an 2000 par l'architecte Paul Chemetov pour matérialiser le tracé de l'ancien méridien de l'Observatoire de Paris.

09 – Fontaine des amours

Histoire récente des Bains

La gestion des Thermes ne fut jamais un long fleuve tranquille. Jacques Rivière et Claude Boumendil dans *Histoire de Rennes-les-Bains* (2006) retracent une histoire thermale contemporaine émaillée de changements de propriétaires et de tribulations financières.

La première société des Eaux Minérales de Rennes fut fondée après la vente des Thermes par Gabrielle de Fleury, en 1889. S'ensuivit diverses sociétés comme Rennes Thermale en 1924 qui englobera l'exploitation des sources chaudes et froides et plus tardivement les deux puits privés.

En 1960, l'installation d'un centre de créno-réadaptation fonctionnelle comptant 82 lits favorise un renouveau de la station. Malheureusement, le déplacement du centre vers Barcarès en 1977 fera chuter les ressources de près de moitié. L'intervention des pouvoirs publics devint nécessaire. Un malheur n'arrivant jamais seul, des problèmes de pollution aux Bains Forts et de contamination à la source Marie apparaissent au début des années 80. Des travaux de nettoyage améliorent la situation, mais des contrôles sanitaires révèleront des taux de contamination voire même de légionellose. La crue de 1992 détruira une partie des infrastructures thermales. Les subventions octroyées permettront une modernisation de l'établissement thermal. Après la mise en liquidation de la société gestionnaire des Thermes, la municipalité en prendra la direction en 2000 avant de la céder à une société privée SANAE VITALIS qui gère depuis l'établissement avec succès. Un espace forme et beauté a été ajouté et des employés recrutés. La période d'ouverture s'étend désormais du mois de février au mois de novembre avec des journées portes ouvertes régulières. Le nombre de curistes ne cesse de s'accroitre d'année en année, aidé en cela par la prise en charge de certains soins par la sécurité sociale. Les chiffres publiés font état d'une augmentation de 115 % en trois ans de 2010 à 2013.

La Rennes des énergies

La mythologie autour de la présence de Marie-Madeleine et d'une possible descendance christique dans le Razès fut développée dans le best-seller *Holy Blood, Holy Grail* (*L'Enigme Sacrée*) écrit en 1982 par trois auteurs britanniques (Leigh/Lincoln et Baigent). Elle sera reprise et étoffée dans de nombreux ouvrages, documentaires et films à retombées internationales tels que le *Da Vinci Code*, provoquant un fort engouement pour la région entre 2003 et 2008.

La venue de visiteurs d'outre-Atlantique est notable, majoritairement des femmes adeptes du Féminin sacré et passionnées par l'histoire de Marie-Madeleine et le catharisme. Rennes-les-Bains constitue un passage obligé dans leurs périples avec une sublimation de l'énergie *magdaléenne* de certains lieux comme la source de la Madeleine (censée avoir un lien avec l'amie de Jésus), la Fontaine des Amours (lieu de baptême cathare) et enfin le Fauteuil du Diable (dénommé à ces occasions fauteuil d'Isis).

Il n'en reste pas moins, pour l'avoir vécu moi-même et l'avoir entendu de vacanciers ou de personnes de passage, que le secteur de Rennes-les-Bains dégage une telle sensation de profond bien-être qu'il devient difficile d'en repartir. Le temps ici est perçu comme suspendu, permettant à tout un chacun de ralentir la roue de son temps intérieur pour se poser. Des écrivains y puisent leur inspiration, certains y développent un talent artistique dont ils n'avaient pas conscience jusque-là. D'autres y viennent une fois, deux fois puis très souvent, sensibilisés par le génie des lieux. S'ensuit pour beaucoup un désir de s'installer définitivement ou de *faire un break* pour trouver la juste impulsion à leur vie. La Rennes des Bains du pays cathare œuvre en épicentre et agrège les quêtes les plus diverses. Son énergie ancestrale continue manifestement d'agir sur la nature et les êtres de son périmètre. Il suffit pour s'en rendre compte d'emprunter la route menant au village par le carrefour de la Maurette placé entre Blanchefort à droite et le Cardou à gauche pour éprouver l'étrange sensation de franchir une porte invisible et d'entrer dans un autre univers. Curieusement, c'est précisément à cet endroit que l'abbé Boudet situe l'entrée de son cromlech, au confluent du Rialsés et de la Salz.

10 – Anciens thermes

La Rennes des chercheurs

L'association du 17 janvier organise chaque année deux évènements — le repas des chercheurs tous les 17 janvier et un méchoui la première semaine du mois d'août — rassemblant à Rennes-les-Bains plus d'une centaine de personnes. Ces rencontres, ponctuées de débats, fédèrent membres, amis et passionnés du mystère de Rennes-le-Château. Les hébergements sur la commune affichent complet pour chacune de ces occasions.

Le triangle formé par Rennes-le-Château, Bugarach et Rennes-les-Bains est loin d'avoir livré tous ses mystères. Le nombre de visiteurs reste constant à Rennes-le-Château. Le Pech de Bugarach attire toujours les randonneurs et davantage de promeneurs depuis le déferlement médiatique de 2012. Cependant, la fréquentation dans les deux villages se limite le plus souvent à la journée. Rennes-les-Bains bénéficie d'atouts plus attractifs que ses voisins pour des séjours prolongés. Outre la piscine et des sources d'eaux chaudes extérieures, le village propose divers types d'hébergement : maisons d'hôtes, hôtels-restaurants et un camping (trois étoiles) totalement remis à neuf. La présence d'un café épicerie en face de la mairie est un plus très apprécié. La grande place des Deux Rennes bordée par la terrasse d'un café ouvert à l'année et d'un restaurant concentre, comme à l'époque romaine, la vie sociale. La librairie située à deux pas ajoute un supplément d'âme culturelle à une vie associative communale plutôt riche.

La Rennes en devenir

Les identités successives adoptées au fil des siècles par Rennes-les-Bains sont promesses d'avenir.

L'activité thermale s'accroît d'année en année en affluence et dans le temps puisque l'établissement est en passe d'être ouvert neuf mois sur douze. Un tourisme individuel orienté vers le bien-être et le développement personnel est en train d'émerger, favorisé en cela par les bienfaits thérapeutiques et le cadre bucolique de la nature. Des néo-ruraux d'un type nouveau, en quête d'un mode de vie plus écologique et moins stressant qu'en ville, tendent à s'installer ici. Les élus de la région sont plutôt favorables à l'arrivée de cette population relativement jeune susceptible d'apporter du sang neuf à des villages en déclin démographique et pouvant justifier le maintien d'écoles et de services publics.

Rennes-les-Bains demeure le lieu de prédilection des passionnés du mystère de Rennes-le-Château pour y séjourner et effectuer leurs recherches. Beaucoup restent persuadés que le véritable secret du Razès réside dans les alentours de Rennes-les-Bains. Le village compte parmi ses habitants des écrivains célèbres comme Henry Lincoln, revenu sur les lieux de son best-seller *l'Enigme Sacrée.*

La Rennes endormie de ces dernières années est en pleine mutation au vu des rénovations de maison et d'appartement entreprises récemment.

La demande d'hébergements de qualité ne va pas manquer de s'intensifier dans les prochaines décennies.

11 – La place des Deux Rennes

La mairie de Rennes-les-Bains est dirigée depuis 2012 par Monsieur André Authier, ancien médecin rhumatologue auprès des Thermes qui a publié avec Pierre Duvernois un ouvrage *Patrimoine et traditions du Thermalisme* (1997). Les ambitions affichées par la nouvelle municipalité élue en 2014 sont de conforter le thermalisme et le tourisme. Le bureau de tourisme ECLA et le musée attenant vont être transférés dans des locaux plus grands. Des travaux de mise aux normes sont prévus au foyer municipal pour accueillir l'organisation de conférences et d'événements culturels dans les meilleures conditions.

L'avenir de Rennes-les-Bains pourrait se conjuguer à son passé. Le lien culturel de Rennes-les-Bains avec le pays de Redon et de Rennes demanderait à être renforcé. Il cadrerait parfaitement avec l'engouement grandissant pour la culture et l'identité celte. Le passé romain mériterait également d'être mis en valeur par la pose de panneaux explicatifs, de fresques ou médaillons en trompe-l'œil sur certaines façades. En ce qui concerne l'abbé Boudet, le souhait de le voir reconnu comme un *des personnages liés à la commune* va devenir réalité puisqu'une plaque commémorative sera apposée à l'occasion du centenaire de sa mort grâce aux associations l'Œil du Sphinx et le Cercle du 17 janvier en accord avec la municipalité de Rennes-les-Bains.

Personnages liés à Rennes-les-Bains

On ne peut s'empêcher d'être frappé par l'étrange fascination exercée par Rennes-les-Bains sur les prêtres et les médecins thermalistes qui s'y sont succédés pour les inciter à rechercher patiemment des informations archéologiques recouvertes par des siècles de végétation et d'oubli et à les retranscrire pour les faire parvenir jusqu'à nous.

Guillaume Catel, *Mémoire du Languedoc (1633)*

Le conseiller au Parlement de Toulouse, Guillaume Catel, fut l'un des premiers à faire état dans ses Mémoires du Languedoc des Baings de Regnes venant, selon lui, en deuxième position après les Baings de Balaruc. Il mentionne la présence dans l'église d'une inscription POMPEIUS QUARTUS, de deux statues figurant les Idoles Jupiter et Mercure ainsi que les traces d'extraction de mines d'or, d'argent, de fer et de plomb. La mention d'une mine d'or enflammera plus d'un esprit.

L'abbé Delmas, à la recherche du passé perdu (1709)

Curé de Rennes-les-Bains pendant soixante ans, son manuscrit *les Antiquités des Bains de Montferrand, communément appelés les Bains de Rennes* (1709) fait œuvre de référence. L'abbé Antoine Delmas insiste sur la magnificence que devait revêtir la station thermale aux temps romains en se fondant sur les vestiges archéologiques encore perceptibles à son époque. Il souligne l'imposante dimension des bâtiments et l'existence de nombreuses petites chambres en haut de la montagne (probablement Montferrand), la richesse des mosaïques et de blocs de marbre blanc et noir ainsi que la grande quantité de débris d'urnes funéraires et de médaillons attestant de nombreuses personnes décédées ici. Il répertoire des médailles d'or, d'argent, de bronze couvrant plusieurs siècles (de Jules César à Constantin) et d'origines diverses démontrant le caractère cosmopolite de la population. Il évoque un espace thermal réservé aux esclaves ainsi que la découverte de nombreuses coquilles d'huîtres jetées dans la rivière. On sait qu'il offrit une lampe sépulcrale à un de ses amis. Enfin, l'abbé Delmas rend compte d'une occupation gauloise bien antérieure à l'arrivée des Romain par la détection d'éléments d'urnes funéraires en brique.

Paul Urbain de Fleury, l'âge d'or du thermalisme (1836)

La famille de Fleury alliée à celle des Hautpoul-Blanchefort a occupé un rôle prépondérant au dix-neuvième siècle. Paul François Vincent de Fleury et Marie Anne Gabrielle Elisabeth d'Hautpoul-Blanchefort, seigneuresse de Rennes-les-Bains Rennes-le-Château et Montferrand, sont propriétaires des Bains. Ils les mettront en fermage en 1789. L'un comme l'autre décèderont pendant les troubles révolutionnaires. Leurs six enfants se trouvant à l'étranger, ceux-ci seront considérés comme officiellement émigrés par les autorités républicaines. Les enfants Fleury seront déchus de leurs droits et les Bains mis aux enchères. Ces derniers réussiront néanmoins à faire suspendre la vente. Ce sera finalement l'un d'entre eux, Paul Urbain de Fleury, qui héritera en 1813 des établissements thermaux, en accord avec sa famille. Celui-ci procède alors à de grands travaux de canalisation pour améliorer le captage des eaux. Il fait bâtir l'hôtel de la Reine et rénove les bâtiments déjà existants. En 1825, on compte 1400 baigneurs et 1000 baigneuses. Un médecin inspecteur des eaux est nommé. D'autres lieux d'hébergements (hôtels meublés et pensions de famille) se construiront dans le village pour accueillir un nombre croissant de curistes. Le pic de fréquentation se situera aux environs de 1850 avec près de 3000 curistes.

Paul Urbain de Fleury deviendra le maire du village et le promoteur de l'âge d'or de la station thermale. Se passionnant pour l'histoire de la région à laquelle est liée sa famille depuis plusieurs siècles, il constituera un petit musée avec sa collection d'objets gallo-romains et de monnaies. Il décédera en 1836 et sera enterré dans le cimetière de la commune. Gérard de Sède dans son livre *L'Or de Rennes* fera remarquer la présence de deux tombes à son nom dont une disparaître pendant la crue de 1992. Sa fille Gabrielle se montrera incapable d'assurer le paiement des emprunts de son père et devra faire face à des mésententes familiales. Les Bains vont rapidement péricliter et seront définitivement vendus en 1889.

L'abbé Henri Boudet, écrivain et celtomane (1886)

L'abbé Henri Boudet fut très apprécié de ses paroissiens pendant les quarante-deux ans de son ministère. Un aumônier du nom de Justin Sarda assurait le service du culte dans l'établissement thermal.

Passionné d'histoire, de paléontologie et de linguistique, l'abbé Boudet devint membre de la Société des Arts et des Sciences de Carcassonne, crée en 1836. Il provoquera la stupéfaction de ses pairs en publia à compte d'auteur en 1886 un ouvrage à première lecture incompréhensible voire loufoque, en tout cas en parfait décalage par rapport à son érudition. Celui-ci devait être de la plus grande importance pour lui car il demandera à ce que soit gravé en relief sur sa tombe un livre fermé en pierre signifiant en langage symbolique que l'ouvrage détient un secret. Gérard de Sède en fera mention dans *l'Or de Rennes* en 1967 et piquera la curiosité de nombreux lecteurs. Certains d'entre eux étudieront et continuent encore aujourd'hui à étudier scrupuleusement l'ouvrage du prêtre dans le but d'en appréhender le sens. Rennes-les-Bains va devenir l'épicentre d'un nouveau mystère lié à celui de Rennes-le-Château mais de nature autre que trésoraire eu égard à la personnalité de l'abbé Boudet qui n'a jamais mené un train de vie dispendieux comme l'abbé Saunière. Les paysages ici recèleraient un secret d'ordre spirituel ou religieux.

La démarche de l'abbé se singularise des autres celtomanes en considérant l'anglais moderne comme langue primitive de l'humanité à la place d'une langue celtique traditionnelle. Je ne m'étendrais pas davantage sur le sujet car le décryptage de l'ouvrage de l'abbé Boudet fait l'objet d'autres conférences de ce colloque.

Paul Courrent, médecin et historien (1942)

12 – Médaillon Courrent

Médecin réputé, spécialiste en anatomie pathologique, le Docteur Paul Courrent arrive à Rennes-les-Bains en 1895 après avoir exercé à Tuchan et Usson, deux villages des Corbières au riche passé historique. Il consultera au sein des Thermes pendant plus de quarante ans et ses techniques de soins novatrices feront de la station une des fleurons du thermalisme régional pendant l'entre-deux-guerres. En 1942, il publie un ouvrage de référence *Rennes-les-Bains, monographie historique, scientifique, médico-thermale et touristique* où il reprend les précédentes recherches de l'abbé Delmas, de Jean-Sébastien Julia (Aperçu topographique et historique des Bains de Rennes - 1814) et du Docteur Jean-Jacques Gourdon (Stations Thermales de l'Aude, Rennes-les-Bains - 1874) en ajoutant ses propres travaux sur l'analyse approfondie de la qualité des eaux ainsi que sur l'histoire locale.

Erudit et passionné comme l'abbé Henri Boudet dont il est le contemporain, il devint membre de la Société d'études scientifiques de l'Aude avant d'en devenir le président, en 1902. Il décidera pourtant de se retirer à Embres et Castelmaure et y restera jusqu'à son décès, en 1952. La municipalité de Rennes-les-Bains tiendra à lui rendre hommage en nommant un square au centre du village à son nom, avec un portrait sur stèle.

Certains chercheurs émettent l'hypothèse que le Docteur Courrent aurait pu prendre connaissance de certains éléments liés au mystère de Rennes-le-Château à travers sa proximité amicale avec l'abbé Saunière et l'abbé Boudet.

Histoires et légendes autour de Rennes-les-Bains

Marie-Madeleine et Claudia Procula, femme de Pilate

L'arrivée de Marie-Madeleine dans le sud de la Gaule fait partie de la tradition catholique romaine. Il est dit qu'elle a accosté aux Saintes-Maries-de-la-Mer en compagnie d'un groupe de disciples et qu'après avoir évangélisé la région elle se serait retirée dans la grotte de la Sainte-Baume pour y terminer ses jours, en pénitence. La Basilique de Saint-Maximin-la-Sainte-Baume est d'ailleurs reconnue comme le troisième tombeau de la Chrétienté après le Saint-Sépulcre de Jérusalem et Saint-Pierre de Rome. Si sa présence en Gaule Narbonnaise ne semble donc ne faire aucun doute, aucune explication concrète n'est apportée sur ce choix de destination.

L'écrivaine britannique Val Wineyard et moi-même avons développé dans un livre publié en 2014 (cf. *Claudia Procula, épouse de Ponce Pilate et amie de Marie-Madeleine*) l'hypothèse que la proximité spirituelle et amicale évoquée par certains évangiles apocryphes liant Marie-Madeleine et Claudia Procula a pu jouer un rôle essentiel dans cette affaire. Cette dernière était originaire de Narbonne, membre de la famille impériale (Gens Claudia) et a suivi son époux Ponce Pilate dans son exil en Gaule. Comme toute riche citoyenne romaine de Narbonne, elle se devait de connaître Rennes-les-Bains. Il est donc tout à fait possible que Marie-Madeleine ait pu venir ici pour l'accompagner ou la rejoindre.

L'Archevêché de Carcassonne publia dans la Semaine Religieuse en 1886 (même année que le livre de l'abbé Boudet) une lettre rédigée par Claudia Procula à l'attention d'une amie d'enfance, Fulvia Hersilia, où elle évoque son exil dans le pays des Rhedons et plus loin indique écrire d'une petite ville située dans les montagnes gauloises. Ce dernier détail corroborerait la venue effective de Claudia Procula dans la région.

13 – Claudia Procula

La reine blanche des Bains de la Reine

La malheureuse Blanche de Bourbon, chassée par son époux le roi Pierre 1er de Castille surnommé Pierre le Cruel, aurait trouvé refuge vers 1367 au château de Peyrepertuse. Venue à Rennes-les-Bains pour soigner une maladie de peau, elle en repartira totalement guérie d'où le nom attribué aux Bains de la Reine.

Rabelais et Pantagruel

François Rabelais connaissait Rennes-les-Bains. C'est en tout cas ce que pensent certains auteurs tels que Franck Marie (cf. *Rennes-le-Château - Etude Critique*) en établissant un lien entre le cinquième livre de son œuvre Pantagruel publié en 1564 et une particularité toponymique locale. L'ouvrage clôture les pérégrinations de Pantagruel et ses compagnons en quête de l'oracle de la Dive Bouteille. Dans ce dernier récit, les héros pénètrent dans un ancien temple pavé de mosaïques et baigné dans une lumière perpétuelle. Ils sont accueillis par la prêtresse Bacbuc qui les invite à boire du vin à une fontaine et leur dévoile enfin le mot secret de l'Oracle à savoir *Trinch*. Or, Trinque-Bouteille est selon l'abbé Boudet un ruisseau qui s'écoule vers le centre du cromlech et au-près duquel on a toujours la faculté d'y apaiser sa soif. L'existence d'un temple antique souterrain est récurrente dans le légendaire rennois.

Le trésor de Blanchefort

Jean-Pierre Labouisse-Rochefort se fait l'écho dans son *Voyage à Rennes-les-Bains (1832)* d'une légende concernant un immense trésor gardé depuis des siècles par le diable dans la forteresse de Blanchefort. Celle-ci pourrait résulter d'une croyance populaire médiévale, reprise par l'historien local Louis Fédié, concernant les mines d'or et d'argent du Roc-Nègre. La population d'alors soupçonnait que les métaux pré-cieux ne provenaient pas d'un gisement naturel mais d'un trésor enfoui par les anciens rois wisigoths. Des colons allemands auraient même été dépêchés sur place pour œuvrer dans ces mines.

Le Berger Ignace Paris

En 1645, le berger Paris faisait paître ses brebis lorsqu'une d'entre elles tomba dans un aven. Pour la récupérer, il entra dans la cavité et découvrit des ossements et des pièces d'or. De retour au village, Il em-porta avec lui quelques pièces et les montra à des habitants qui le dé-noncèrent au seigneur Blaise d'Hautpoul. Le jeune Paris fut incarcéré et maltraité jusqu'à sa mort. La bergerie de l'infortuné se situerait au hameau de Montferrand, au-dessus de Rennes-les-Bains.

Le Temple rond de Pierre Plantard

Pierre Plantard (1920-2000) est un personnage controversé pour de nombreux spécialistes du mystère de Rennes-le-Château. Il lui est reproché d'avoir manipulé voire dénaturé cette histoire à fin d'étayer sa propre mythomanie en étant l'instigateur caché de l'Or de Rennes écrit par Gérard de Sède. en 1967. Ce fut en effet Pierre Plantard qui transmit à l'auteur des documents que l'on sait aujourd'hui montés de toutes pièces et qui orienta le récit en établissant pour la première fois un lien entre l'abbé Boudet et l'abbé Saunière et en présentant le premier comme le mentor du second. Par ce biais, il déplaça l'attention sur le secteur de Rennes-les-Bains qui d'après lui serait dépositaire de deux secrets (et non deux trésors) de nature différente : l'un concernerait le secret du trésor des Templiers du Roussillon déposé à Rennes-les-Bains et l'autre le secret du Temple rond de Roc Nègre près de Blanchefort. Ce temple antique en demi-cercle, accessible par deux entrées dont une aujourd'hui obstruée, aurait été découvert au dix-septième siècle par un certain Frère Dubosc et abriterait en son centre un superbe dallage carré en mosaïque.

Pierre Plantard passe pour un affabulateur mais on peut penser que certaines de ses allégations devaient être bien fondées pour l'inciter à acquérir plusieurs parcelles de terrain à Roc Nègre (parcelle 645) et projeter d'acheter une maison à Rennes-les-Bains. Philippe Marlin publia dans les *Actes du Colloque 2012* (ODS) le dossier immobilier de Pierre Plantard à Rennes-les-Bains dont le début de correspondance remonte à 1967, date de la publication de *l'Or de Rennes*. Il y écrit : *Je ne peux m'empêcher de penser que si Plantard était un simple mythomane, pourquoi aurait-il dépensé de l'argent pour acquérir des terrains sur le lieu de sa mythomanie ? Ou alors il faut bien convenir qu'il était sacrément fou...*

Enfin, à souligner que Pierre Plantard écrira la préface d'une des premières rééditions de l'ouvrage de l'abbé Boudet publiée chez Belfond, en 1978.

Pour terminer, un élément factuel rattachant par le plus curieux des hasards Pierre Plantard à Redon : Sa mère Amélie Raulo, originaire de Bretagne, décéda en 1965 à Redon et fut enterrée dans le caveau des Plantard de Saint-Clair situé dans le cimetière de la commune. Pierre Plantard acheta en 1974 une concession perpétuelle dans le cimetière de Rennes-les-Bains qu'il n'occupa pas puisqu'il fut incinéré dans la région parisienne, en 2000. Cette concession numéro 35 ne fut pas renouvelée par ses héritiers. Des Plantard enterrés à Redon et à Rennes-les-Bains, voilà qui s'insérerait parfaitement dans le principe du site miroir. Enfin, un lieu nommé Camp Redon se trouve en contrebas des parcelles acquises par Pierre Plantard.

Le temple rond de Plantard continue encore aujourd'hui à faire tourner en rond de nombreux chercheurs.

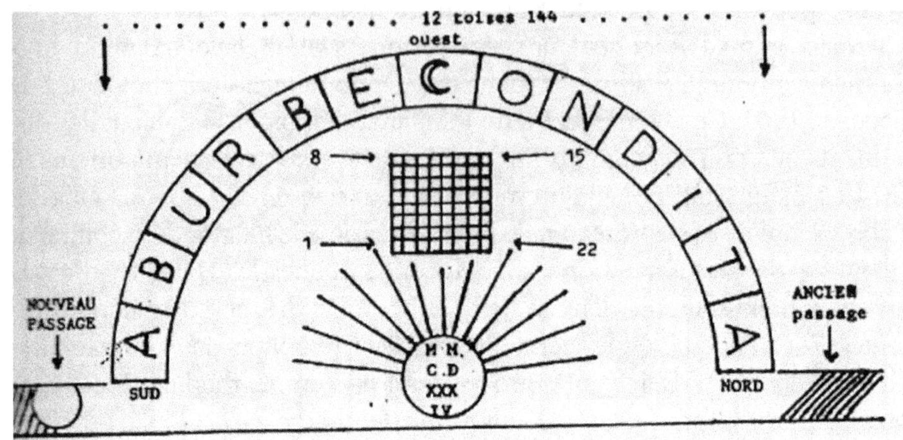

15 – Temple rond

Le Calvaire Delmas, légende urbaine

Les témoins oculaires sont à la base de cette légende urbaine rennoise. Des ouvriers auraient découvert une crypte derrière ce calvaire au cours de travaux d'agrandissement de la route à proximité des Thermes, en 1987. Le chantier aurait été immédiatement arrêté et un camion aurait chargé le contenu de la cavité et disparu dans la nuit pour une destination inconnue. La configuration de la falaise derrière ce calvaire pourrait en effet indiquer l'emplacement d'un monument très important. Son inscription PIERRE DELMAS 1856 est à rapprocher de celle du calvaire Petrus du porche de l'église.

Le Cercle du 17 janvier a inauguré en 2007 la remise en place du calvaire à son endroit initial. Un troisième calvaire sur la route menant à Montferrand porte l'inscription P Pe DELMAS dont les deux derniers chiffres de l'année sont difficiles à déchiffrer JUBILE DE 1854 (ou 15.5 L). Le patronyme Delmas est courant dans la région, toutefois le Pierre Delmas en question n'a pas été identifié.

Le Tombeau d'un grand Romain

L'abbé Delmas mentionne dans son manuscrit de 1709, une inscription lapidaire indiquant la présence d'un mausolée ou d'un tombeau d'une personnalité romaine de haut rang, possiblement érigé par le père du grand Pompée en l'honneur d'un de ses grands amis ou officiers, sans en préciser toutefois son emplacement. La venue d'éminents romains ici n'a rien pour nous surprendre. D'aucuns seraient tentés de relier l'existence d'un tel sépulcre à deux quatrains du célèbre Nostradamus évoquant les os du Grand Romain appelés un jour à être découverts, ce même Nostradamus dont les aïeux étaient originaires d'Alet et qui mentionne plus de sept fois explicitement le mot Razès.

La Rennes des mystères

• Le Lac de Barrenc

Certains lieux proches de Rennes-les-Bains provoquent chez les promeneurs un étrange ressenti dont ils ne font pas cas publiquement mais en confidence. Le lac de Barrenc, près de la montagne des Cornes réputée pour ses fossiles, en fait partie. Les curistes du dix-neuvième siècle avaient pour habitude de se rendre dans cet endroit certes retiré sur les hauteurs de Montferrand mais agréable pour se ressourcer. Le site aujourd'hui est en état d'abandon et la nature ayant repris ses droits, l'atmosphère en fin de journée y est quelque peu lugubre. L'alimentation constante du lac interroge. Selon Jacques Rivière, il pourrait s'agir d'un lac sacré pour les Celtes où ils jetaient leurs offrandes. Une légende locale rapporte que lors des nuits d'orage, un bélier noir sort des eaux du lac.

16 – Lac de Barrenc

• Le Temple maudit de Rennes-les-Bains

Les vestiges d'une construction importante s'apparentant à un temple antique ou une ancienne carrière fut découverte sur une colline surplombant le sud du village, là même où se situait le village celte. Des chercheurs pourtant chevronnés ont eu le sentiment d'être épiés alors qu'il n'y avait personne aux alentours et ont ressenti des frissons en tentant de dégager la végétation recouvrant les fondations pour prendre des photos. D'autres m'ont confié avoir été suivis de près dans leurs pérégrinations par une présence invisible dans le secteur de la Cabanasse. On pourrait en sourire mais ce type de témoignages n'est pas un cas isolé.

• La route des Gascous

La route menant de Rennes-les-Bains à Rennes-le-Château fut le théâtre d'une histoire digne d'un épisode de la série paranormal. Rapportée par le regretté Jimmy Guieu, elle ne serait pas évoquée ici si elle n'était le fait d'une personne digne de foi, en l'occurrence Madame Jeannette Blum, épouse de l'écrivain spécialiste du catharisme, Jean Blum. Un soir d'hiver 1985, Madame Blum, venant de Bugarach, roulait sur cette départementale pour rejoindre directement Couiza lorsqu'au niveau du lieu-dit la ferme des Gascous, le moteur de sa voiture s'arrêta brutalement et ne put redémarrer. Elle se dirigea à pied en direction d'une vieille maison située à proximité pour demander secours ; c'est alors que trois gros chiens apparurent et lui barrèrent le passage. Elle regagna immédiatement son véhicule qui par miracle se mit à redémarrer. Impressionnée par ce qu'elle avait vu, elle décida le lendemain de retourner sur les lieux en compagnie de son mari et à sa grande surprise la vieille maison et les chiens avaient disparu. L'histoire n'est pas finie puisque près de trente ans après, une maison s'est construite à ce même emplacement.

Il est temps maintenant de quitter la quatrième dimension et de reprendre le fil de cette présentation pour conclure.

• *Le Réveil de la Rennes Celtique (Fin)*

Cette immersion dans les mémoires de Rennes-les-Bains m'a amené à relire l'œuvre de l'abbé Boudet sous un prisme différent. Sa démarche perçue sur le plan local comme extravagante s'inscrivait dans le cadre d'une thématique de recherches en vogue de son époque. D'autres niveaux de lecture laissent supposer que son ouvrage contient un message codé sur la localisation d'un sanctuaire souterrain ou un dépôt précieux. Il s'avère néanmoins que *l'objet premier de ses recherches* est bien comme l'abbé l'écrit lui-même dans les observations préliminaires *la signification des monuments mégalithiques de Rennes-les-Bains*. Le cromlech qu'il nous incite à parcourir n'est pas le fruit de son imagination mais a manifestement existé et sommeille toujours sous la végétation.

Le curé de Rennes-les-Bains n'aura pas été prophète dans le pays qu'il aimait tant. Le livre de pierre fermé et gravé sur sa tombe doit être considéré comme une bouteille à la mer dans l'espoir d'un jour futur où quelqu'un réveillerait ses recherches. L'abbé Boudet a été finalement exaucé au-delà de toutes espérances puisqu'un siècle après nous sommes réunis ici pour lui rendre hommage.

REFERENCES :

— *Le Cercle* – Thomas Plantard de Saint-Clair – 1992

— *Actes du Colloque d'Etudes et de Recherches sur Rennes-le-Château* – 2012

— *Histoire de Rennes-les-Bains* Jacques Rivière/Claude Boumendil – Bélisane – 2006

— Site internet : Octonovo.org/

— Site internet : Rennes-le-Château ou l'histoire d'un grand secret/Renneslechateau.com

— *Cahiers de Terre de Rheade* n° 2 – 2008

— *ABC de RLC* – Arqua Editions – 2008

— *Claudia Procula, épouse de Pilate et amie de Marie-Madeleine* – Kris Darquis – Val Vineyard publishing 2014

— Site internet : Paysdecouiza.com/ renneslesbains.org

— *Petite chronologie de RLC* – Paul Saussez.

— Site internet : Patrick Mension – asso-rlcdoc / Guy Tarade – le-sarchivesdusavoirperdu.

La documentation photographique provient de l'auteur

CHAPITRE II

HENRI BOUDET, ESQUISSE BIOGRAPHIQUE

Yves Echaroux ©

Rennes-le Château ne manque pas de documents codés ou gravés dans la pierre qui apportent la preuve qu'à une certaine époque, un secret important se cachait dans la région.

En lisant cette citation, on pourrait croire qu'elle date des années 1965-1970, époque où Gérard de Sède écrivait *L'or de Rennes*. Mais il n'en est rien. Elle date du dernier livre concernant l'abbé Boudet intitulé *Les mystères de la vraie langue celtique et le cromleck de Rennes-les-Bains* écrit par André Galaup en 2015. Cela prouve qu'aujourd'hui même, la personnalité du curé de la Rennes d'en bas demeure toujours aussi mystérieuse, que son rôle dans l'histoire des deux Rennes reste encore aussi controversé et que rien n'est figé pour les amoureux de la belle histoire.

Avant même de commencer cet exposé, je voulais vous dire combien j'avais été heureux mais aussi perturbé lorsque Philippe m'a proposé d'étudier la biographie d'Henri Boudet. Parler pendant trois quart d'heure de ce personnage me semblait en effet démesuré pour deux raisons. Nous ne connaissions que peu de témoignages relatant sa vie, très peu d'écrits, très peu de souvenirs le concernant nous ayant été transmis. De plus, parmi les quelques chroniques retraçant sa destinée, peu et même pour ainsi dire aucune, ne nous permettait d'envisager une existence exceptionnelle, une vie sortant de l'ordinaire de la part de notre ecclésiastique. Et pourtant... Au fur et à mesure que j'avançais dans ma recherche, je découvrais un nouvel Henri Boudet qui ne correspondait plus au personnage du petit curé entrevu auparavant. C'est ainsi que je me surpris à appeler Philippe afin d'obtenir un quart d'heure supplémentaire de conférence tant le personnage Boudet m'avait étonné et même dérouté. Je reprends donc volontiers la phrase de Léo Bourbon : « Jusqu'à présent, nul chercheur ne put encore réaliser une synthèse objectivement sûre et convaincante des grands mystères entourant Boudet pas plus que nul encore n'est capable d'affirmer sérieusement que Boudet n'aurait écrit que de vaines fadaises ».

Nous voici donc aujourd'hui tous réunis pour commémorer le centenaire de la mort de l'abbé Henri Boudet. Non seulement nous le célébrons, mais de plus, nous organisons une journée le concernant avec de nombreuses manifestations, un hommage et des conférences portant sur sa vie qui fut celle d'un humble curé de campagne. Car si l'on fait une rapide recherche sur sa biographie, nous allons nous apercevoir très vite que rien, pendant les 78 ans que dura son existence, n'explique à première vue un tel intérêt, un tel enthousiasme de notre part. Si nous cherchons sur n'importe quel site informatique, on nous parle d'un ecclésiastique né le 16 novembre 1837 à Quillan, devenu prêtre à l'âge de 24 ans, nommé une première fois en1862 à Durban, petite cité des

Corbières qu'il quittera rapidement pour se diriger 6 mois plus tard vers Caunes en Minervois. Après 4 ans de bons et loyaux services, on nous dit qu'il est nommé à Festes et Saint André, commune située prés de Limoux, avant d'arriver enfin à Rennes les Bains, village du Razès, dont il sera le curé jusqu'en 1914, ayant remplacé l'abbé Jean Vie, mort le 31 Août 1872. On apprend aussi qu'Henri Boudet meurt le 30 Mars 1915 à Axat chez sa belle-sœur qui avait épousé son frère Edmond, notaire de profession. On peut voir sa tombe, très modeste d'ailleurs, dans le petit cimetière de cette petite bourgade pyrénéenne.

18 – Tombe à Axat

Nous avons donc affaire à première vue, à un ecclésiastique dans la plus pure tradition chrétienne et ceci n'explique en rien notre curiosité, notre intérêt et même notre affection pour ce personnage respectable, certes, mais sans grand relief. Si l'on insiste quelque peu afin d'en savoir plus sur notre homme, on apprend que sa vie fut celle d'un bon curé de campagne. Il partagea son existence avec sa servante Antoinette qui n'était autre que sa propre sœur. En plus de ses activités cléricales, il occupait son temps libre en faisant des recherches scientifiques. Maîtrisant parfaitement le latin, le grec et l'anglais, il était membre de la société des arts et lettres de Carcassonne où il fit la connaissance d'Etienne Dujardin Beaumetz qui fut d'abord artiste peintre, conseiller général, député avant de devenir sous-secrétaire d'état aux beaux-arts et dont nous reparlerons plus tard. Il s'intéressait aussi à l'histoire en général et à la linguitique en particulier. De cette passion, naquirent plusieurs ouvrages dont *La vraie langue celtique ou le Cromleck de Rennes-les-Bains*, *Remarques sur la phonétique du dialecte languedocien* et *Du nom de Narbonnes*. Ces recherches dépassèrent le cadre de l'Aude puisqu'elles apparurent dans le bulletin de la Société Savante à Paris lors de la séance du 20 Novembre 1897, société dont il devint membre en décembre de la même année. Ainsi fit-il la connaissance de l'astronome Antoine Dabadie par l'intermédiaire de Joseph Dubourg, représentant du comte de Chambord pour le sud de la France et qui était lui même en relation avec le révérend père De Coma, autre religieux et mystérieux constructeur [1]. Mais ses activités ne se limitaient pas à cela. Il était passionné d'histoire locale, d'archéologie et de photographie, ce qui lui permettait d'arpenter longuement la campagne environnante d'où il ramenait quantité de pièces, de fossiles et de minéraux. Voilà, mesdames messieurs, ce que l'on trouve sur la plupart des sites portant sur le curé de Rennes-les-Bains et avouons humblement qu'à première vue, rien n'explique l'intérêt passionné que portent des milliers de personnes à cet obscur serviteur de Dieu.

Alors, pourquoi Henri Boudet mérite-t-il un si grand intérêt ? A cette question, je répondrai par deux remarques qui me semblent significatives. En premier lieu, Henri Boudet fait partie de la liste des personnages d'un des romans les plus méconnus mais des plus étranges de l'histoire de France que je nommerai : *L'Histoire des deux Rennes*. A la différence des romans traditionnels, ce dernier est un véritable ro-

---

[1] Cf *De Rennes-le-Château à l'Ariège, l'affaire du Monastère Dynamité,* Philippe Marlin, EODS 2014.

man historique où l'intrigue n'a pas été inventée mais existe véritablement, où les héros ne sortent pas de l'imagination d'un écrivain mais sont faits de chair et d'os, roman où l'action se déroule quasiment sous nos yeux et dont les principaux acteurs sont, pour ainsi dire, encore présents. Qui n'a jamais ressenti dans les ruelles de nos deux Rennes, le poids que pèsent encore Saunière, Marie et Henri Boudet. Mais la caractéristique de cette œuvre ne se limite pas à cela. Nous sommes en fait, en présence d'une véritable saga portant non pas sur plusieurs générations mais sur plus de vingt siècles. Etudier l'histoire des deux Rennes et les diverses hypothèses qui en découlent, hypothèses plus ou moins légitimes d'ailleurs, c'est s'offrir un voyage de plus de deux milles ans dans l'histoire du monde. L'histoire des deux Rennes ne se limite pas à cette période située entre 1837 date de la naissance d'Henri Boudet et 1917 date de la mort de Saunière, période riche en évènements avec la guerre de 1870 et la défaite française, l'apparition de la troisième république, l'écrasement de la commune, la tentative de rétablissement monarchique avec le comte de Chambord, la lutte farouche opposant les républicains et le clergé aboutissant à la création des lois sur la séparation de l'église et de l'état. L'histoire des deux Rennes, et les hypothèses émises par les différents chercheurs qui se sont passionnés pour elle, englobent bien d'autres siècles et bien d'autres personnages et faits historiques importants. Je n'en citerai que quelques-uns, la liste en étant tellement longue : Jésus, Marie-Madeleine, Ponce Pilate, Godefroy de Bouillon, Hugues de Payns, Bernard de Clervaux, Philippe le Bel, Nogaret, le pape Clément, Jacques de Molay, Simon de Montfort, Saint Dominique, les comtes de Toulouse, Saint Louis et sa mère Blanche de Castille, le roi Soleil, Colbert, Fouquet, Nicolas Poussin, les Jansénistes, Saint Vincent de Paul, Louis XVI et ses enfants, François Joseph et l'archiduc Rodolphe. Et je rajouterai la période allant de 1917 à nos jours, troisième tryptique de cette odyssée avec de nouveaux personnages plus ou moins reconnus : Plantard, de Sède, de Cherisey. Et qui sait si demain, à cette liste fort pourvue, ne viendront pas s'ajouter d'autres noms car le mystère des deux Rennes est loin d'avoir livré tous ses secrets. Alors, comment ne pas être intéressé par Henri Boudet, un de ces acteurs, acteur de l'ombre certes, au premier abord, mais acteur indispensable à la compréhension de ce roman. Je vous parlais, tout à l'heure, de deux faits significatifs expliquant l'intérêt que nous portons au curé de Rennes-les-Bains.

Voici le second.

Existe-t-il dans la littérature française, un roman que l'on puisse comparer à celui des deux Rennes ? Vous allez me trouver très audacieux, mais en cherchant bien, j'ai repéré quelques points de ressemblance avec le fameux *Trois Mousquetaires* d'un certain Alexandre Dumas. Dans les deux cas, nous sommes en présence de quatre personnages aux statuts communs : d'Artagnan, Athos, Porthos, Aramis, tous mousquetaires du roi. Saunière, Boudet, Gelis, Billard, ecclésiastiques du Razès. Dans les deux œuvres, le héros principal est un fort en gueule, ne dédaignant pas les conflits, aimant les femmes et la bonne chère : d'Artagnan et Saunière. Dans les deux cas, et on l'oublie trop souvent, le personnage principal du début n'est peut-être pas le véritable héros à la fin de l'histoire. On a tendance à ne se rappeler dans l'œuvre de Dumas que du premier tome, c'est à dire l'épisode des ferrets de la reine où d'Artagnan ridiculise le pauvre Richelieu. Mais il existe une suite à cette histoire et si vous vous en souvenez, vous remarquerez qu'elle est tout à fait différente. Le drame a remplacé le « happy end ». D'Artagnan a laissé sa place de héros au comte de La Fère, plus connu sous le nom d'Athos. C'est ce dernier qui livre au bourreau sa propre femme : Milady de Winter. C'est lui qui devient le personnage principal du drame. Et s'il en était de même dans l'histoire des deux Rennes ? Et si Bérenger Saunière, sorte de d'Artagnan du Razès, n'était pas le héros de notre saga ? Et si Henri Boudet était l'Athos caché de notre histoire ? Voilà qui mérite d'être étudié. Voilà les raisons pour lesquelles nous sommes ici aujourd'hui en train de parler de ce petit curé bien inoffensif en apparence mais si attachant et si méconnu en définitive. Je reprendrai alors volontiers la citation d'un auteur déclarant : « Rennes le Château, c'est peut-être l'arbre qui cache la forêt ». Je pense aussi à la phrase de Paul Rouelle : « peut-on apprendre à lire en ne connaissant que les voyelles ». Pour ma part, en relisant la petite étude que j'avais écrite il y a quelques années, intitulée *Découvrir l'affaire de Rennes-le-Château* [2], j'observe que des points sensibles de l'histoire y ont été survolés et même totalement oubliés. Le nom de Rennes-les-Bains n'est cité que cinq fois dans la centaine de pages de l'ouvrage et l'abbé Boudet, personnage clé de l'énigme, n'y a droit qu'à deux demi-pages. Quant aux *Bergers d'Arcadie*, ils n'apparaissent nulle part. Peut-on véritablement comprendre le mystère des deux Rennes en occultant totalement ces éléments primordiaux de l'histoire ? Non ! Il est donc temps d'étudier spécifiquement la vie du curé de Rennes-les-Bains et son œuvre.

---

[2] EODS 2013

Mais pour cela, il me paraît indispensable de faire un rapide descriptif de l'endroit où il a vécu. On parle souvent, en évoquant Rennes-le-Château et Rennes-les-Bains, de cités jumelles. Mais ces deux villages méritent-ils ce qualificatif ? Je répondrai par la négation en ce qui concerne leurs histoires respectives. Leurs descriptions physiques sont, elles aussi, on ne peut plus opposées. Je ne vous ferai pas l'injure de développer ce point car tout le monde connait l'âpreté du paysage de la Rennes d'en haut, bien différente des rives luxuriantes de la Sals traversant la Rennes d'en bas. Cette opposition explique l'écart social existant entre les deux cités. Pour décrire le village de Saunière, j'évoquerai l'image d'un nid d'aigle au sommet d'un éperon rocheux, les hommes étant à l'image de leur bourg, parlant peu, travaillant dur. Rennes- les-Bains est l'opposé de sa jumelle. Grâce aux eaux qui ont fait sa richesse, la vie y est très agréable. Je préfère citer un article paru dans les *Cahiers de Terre de Rhedae* qui souligne combien il était préférable de séjourner dans la Rennes thermale. « A travers le témoignage de Maria Boulbes, une touriste de 83 ans venant en vacances à Rennes les- Bains depuis l'âge de sept ans, l'article invite à une redécouverte de la Rennes d'en bas à la belle époque. Madame Boulbes, a connu la Rennes avec des curistes venant du lointain Paris, avec de grands bals en robes du soir dans les grands salons de l'Hôtel de la Reine. On y arrivait en diligence depuis Couiza. A la descente du cahotant véhicule, on était assailli par un essaim de grooms vantant les charmes de leur hôtel ».

19 – Sur la place de Rennes-les-Bains

Cette rapide description des deux cités explique la différence existant entre les vies de nos deux prêtres. Pour Boudet, point de lutte politique, point de conflits avec ses paroissiens, aucun problème monétaire. Par contre, des fidèles respectueux et fortunés pour certains. Ainsi, vous comprendrez aisément, que l'atmosphère entourant Henri Boudet était fort différente de celle qu'avait connue Bérenger Saunière. Pour mieux saisir et appréhender notre curé, il me semble indispensable maintenant d'évoquer son lieu de vie préféré, c'est à dire son église et son cimetière. La première qualité de cet édifice est sans conteste sa discrétion. On peut en effet vaquer sur la place des deux Rennes et ignorer totalement la présence de ce monument. A la différence de celle de Rennes-le-Château, l'église de la Rennes d'en bas se trouve totalement cachée à la vue des visiteurs. Pour l'atteindre, il nous faut emprunter une petite ruelle donnant elle-même sur un porche découvrant un vestibule. L'église Saint Celse et Saint Nazaire, car tel est son nom, ne présente pas le côté spectaculaire de sa consœur de la Rennes d'en haut. Les deux monuments religieux ressemblent bien à leurs deux curés. Je pourrais développer longuement cette visite en vous parlant du *Christ au Lièvre* cher à Gérard de Sède, célèbre Piéta pour certains chercheurs castelrennais dont on ne connait pas l'auteur, et en vous faisant découvrir les fameuses tombes de l'abbé Jean Vie et de Paul Urbain de Fleury. Mais je m'y refuse et ceci pour deux raisons. Tout d'abord, cette étude nous éloignerait quelque peu de notre sujet. Mais surtout, elle donnerait de l'eau au moulin de tout ceux qui veulent y voir des sources de mystère concernant notre curé. La vie de ce dernier n'a pas besoin de ses prétendues « sources » pour nous passionner, « sources » qui ont été d'ailleurs démystifiées en ce qui concerne les tombes par notre amie Stéphanie Buttegeg [3]. Vous comprenez combien il est important de rester vigilant pour tout ce qui concerne ces pseudos mystères qui ont infecté l'histoire des deux Rennes et la vie d'Henri Boudet en particulier. Je poserai cependant deux questions à la fin de cette visite. Vous savez tous que l'abbé Boudet est enterré à Axat avec son frère. Mais ce que l'on sait moins, c'est qu'il a acheté en personne une concession perpétuelle, le deux avril mille neuf cents, dans le cimetière de Rennes-les-Bains. Sa mère et sa sœur y sont enterrées et reposent à côté de l'abbé Jean Vie. Pourquoi ne les a-t-il pas rejoints ? Pourquoi le prénom Adélaïde commun aux deux femmes apparaît-il

---

[3] Voir *Guide du Razès Insolite,* EODS 2016.

prépondérant sur la tombe de sa mère alors qu'il n'est, en réalité, qu'en quatrième position sur son extrait de baptême et pourquoi n'existe-t-il pas sur celle de sa sœur alors qu'il était son prénom principal ? Je terminerai cette visite, bien que ce point soit assez éloigné de la biographie d'Henri Boudet, en vous parlant d'une dernière tombe beaucoup moins connue mais tout aussi importante : celle de Pierre Plantard. Décédé à Colombes le trois février deux milles et incinéré, il n'en possédait pas moins une concession perpétuelle achetée le 29 août 1974. « A l'ombre du tilleul, il y avait bien une place réservée au grand nautonier qui ne fut jamais occupée ». N'oublions pas non plus que Pierre Plantard fut acquéreur d'un terrain situé près de Rocco Negro, terrain sans valeur et sans intérêt, mais proche de mines qui semblent avoir peut-être intéressé au plus haut point un certain Colbert, ministre des finances du roi Soleil. Je ne peux passer sous silence, enfin, la découverte d'une tête trouvée au sommet d'un rocher appelé « le cap de l'homme », que Boudet avait installé sur un mur de son presbytère et qui se trouve maintenant dans le petit musée archéologique de Rennes. On dit que Boudet crut voir dans cette sculpture, la tête de Jésus. D'autres imaginèrent le crâne de Saint-Dagobert. Après de sérieuses études, le mystère disparut. Il s'agissait de la représentation d'un visage de femme d'époque gallo-romaine qui serait l'effigie d'une divinité liée à l'eau et aux sources.

Après avoir posé la question, pourquoi s'intéresser à Henri Boudet et après avoir visité son église et son cimetière, il est grand temps de parler de Boudet lui-même, de sa vie, de son œuvre et des mystères qui l'entourent.

Henri Boudet est certainement le personnage le plus curieux de l'affaire des deux Rennes. Sa personnalité est aux antipodes de celle de Saunière. Bérenger était un homme extraverti et charismatique. Boudet, lui, reste discret, quasiment insaisissable, et c'est bien là la grande difficulté à comprendre le personnage. Il est un mélange de simplicité, d'authenticité, mais aussi d'insolite et de secret. Je reprendrai volontiers cette phrase : « Son empreinte est partout et nulle part. Il nous laisse un message que l'on commence tout juste à découvrir mais dont la subtilité et l'intelligence rivalise avec sa complexité ». Sa vie est le reflet de sa personnalité, mélange d'actes simples, traditionnels, en relation avec son statut de prêtre et de faits surprenants, paradoxaux, laissant le lecteur dans l'incompréhension. Il naît le 16 Novembre 1837 à Quillan. Il meurt le 30 mars 1915 à Axat. Fils de Pierre Auguste, régisseur des forges et d'Adélaïde Huillet, Henri Boudet grandit dans une famille modeste. Il est élevé avec son frère Edmond, né en 1840, qui deviendra notaire à Axat et qui sera l'auteur de 2 dessins (les Roulers, la Pierre Levée) figurant dans le livre de l'abbé *La Vraie Langue Celtique* et d'une carte complétant celui-ci. Signalons d'ailleurs que les signatures se trouvant sur les 3 œuvres ne semblent pas identiques et laissent à penser qu'Edmond n'était peut-être pas le seul intervenant. Très tôt, on décèle chez Henri des capacités qui lui permettront par la suite de faire de longues études. Ainsi va apparaître un nouvel acteur de l'histoire qui ne va pas nous laisser insensible. Il s'agit de l'abbé Emile Cayron. Il est l'ami de la famille Boudet et il décide d'aider financièrement Henri dans ses études et dans ses choix. Il officie à Saint Laurent, près de Montferrand, entre Castelnaudary et Villefranche de Lauragais, après avoir été vicaire à Mirepoix. On le décrit comme un prêtre lambda, respecté et apprécié par la population. C'est un homme cultivé, très intéressé par la littérature. Deux faits surprenants vont cependant attirer notre attention, deux faits faisant invariablement penser à Bérenger Saunière. L'abbé Cayron décide en effet une rénovation totale de son église et de son presbytère. Là aussi, aucune explication financière n'est fournie. De plus, tout comme Bérenger Saunière, notre abbé refuse une mutation religieuse importante, préférant rester dans sa paroisse. Il prend sa retraite en 1885 et se retire chez une de ses nièces à Toulouse. Mais restons vigilants. Ne sommes-nous pas une nouvelle fois en présence d'une nouvelle mystification ? Des doutes demeurent concernant le lieu de la paroisse de Cayron. S'agit-il de Saint-Laurent près de Monferrand ou bien d'un autre Saint-Laurent ? Dans ce cas, la relation Cayron-Boudet n'existe plus. L'hypothèse envisagée par certains chercheurs d'un lien de transmission Marquise de Hautpoul, Bigou, François Pierre de Caumeille, Cayron, Jean Vie, Boudet, n'est plus envisageable. A ce niveau de la recherche, tout doit être remis en cause. N'est-on pas en présence d'une nouvelle révélation sortant tout droit de l'imagination de certains chercheurs ? Cayron est-il vraiment l'ami de la famille Boudet ? Même là, le doute subsiste. En fait, l'orientation de Boudet pour la prêtrise ne relève que de sa seule volonté. La thèse d'un choix suscité par Cayron ne tient pas plus que son aide dans l'obtention d'une licence d'anglais. Henri étudie donc au petit puis au grand séminaire de Carcassonne. Il devient prêtre le 21 décembre 1861 à 24 ans. Il est nommé vicaire à Durban le premier janvier 1862 où l'abbé Gelis officia et il y reste pendant six mois. Le 17 juin de la même année, il part à Caunes Minervois, à Notre Dame du Cros.

20 – Le Chœur de l'église de ND du Cros

Il y demeure pendant quatre ans et demi. On pense que c'est pendant cette période qu'il rencontre le chanoine Mèche, aumônier de Notre-Dame de Marceille jusqu'en 1883, qui fut remplacé par la suite par Henri Gasc. En novembre 1866, il part à Feste-Saint-André où il demeure jusqu'au 15 octobre 1872. Le 16 Octobre de la même année, il est nommé curé de Rennes-les-Bains par Monseigneur Leuilleux. Il y remplace l'abbé Jean Vie. Il quittera ce poste pour des raisons mal définies (on parle d'une augmentation du loyer par la mairie) et se retire à Axat chez sa belle-sœur. Il décède le 30 mars 1915 à l'âge de 78 ans. Certains auteurs affirment, mais faut-il les croire, que l'abbé de Rennes-les-Bains aurait fait appel à Saunière avec qui il était peut-être brouillé et lui aurait révélé quelques secrets… On parle aussi d'un assassinat provoqué par deux hommes, ceux-là même qu'on retrouve autour du décès de l'abbé Rescanière. Mais ne vaut-il pas mieux penser que la mort de Boudet n'est due qu'à un cancer malheureusement incurable ? Restons lucides et revenons plusieurs années en arrière, lors de sa prêtrise à Saint-André (les renseignements concernant cette époque nous sont donnés dans l'excellent livre d'André Galaup *En quête de vérité*). Feste est un village situé sur la départementale 121 qui conduit à Puivert. Les protestants y ont commis des atrocités en 1563 au cours des guerres de religion. Saint-André est situé à deux kilomètres de Feste. C'est un village construit tout en longueur qui se désertifie. C'est ici que vit Boudet. C'est dans l'église paroissiale qu'il conduit son sacerdoce.

21 – Eglise

Elle est très simple et ne possède qu'un confessionnal, deux statues et un autel en bois. André Galaup, grâce à des témoignages de personnes ayant connu Boudet, nous parle d'un curé respecté par ses fidèles. A la mort de son père, il prend en charge sa mère et sa sœur avec qui il vit au presbytère. Cette demeure semble confortable en comparaison de son église où il se voit obligé d'installer des poutres pour éviter l'effondrement de la toiture. Des conversations avec les anciens ressortent toujours les mêmes qualificatifs : intelligent, calme, mesuré, parlant peu, clair, observateur. Sa vie est rythmée par son travail de prêtre et ses occupations de « médecin-guérisseur-apiculteur ». Il travaille aussi avec les enfants du village, le jeudi, afin d'aider l'instituteur. Celui-ci ne déclare-t-il pas : « il est passé en faisant le bien ». Bien sûr, une légende est attachée à ce village. On nous parle d'un bois où Guillaume de Sire rencontrait les Cathares. On évoque un trésor caché par l'évêque Pierre Polhan. Le secret des Cathares est-il dans la région ? Henri Boudet, pendant son séjour à Feste, et plus particulièrement pendant ses promenades, s'est-il intéressé à ce trésor ? Rien n'est moins sûr.

Dirigeons-nous maintenant quelques kilomètres plus loin. Nous sommes à Rennes-les-Bains où l'abbé remplace le curé Jean Vie. A travers de nombreux témoignages, on retrouve le même homme chétif, humble, calme, curieux, discret, mystique, érudit, parlant peu mais plein d'énergie. C'est le même personnage dont on a venté les mérites à Feste. Ses passe-temps sont identiques. Il soigne la population en pratiquant la phytothérapie. On lui connaît même des dons de guérisseur. Les longues courses dans la nature ne l'effraient pas. C'est un homme cultivé, parlant le grec, le latin, l'anglais. En 1889, il est accueilli dans la Société des Arts et Sciences de Carcassonne avec Etienne Dujardin Baumetz. Il partage sa vie entre sa mission religieuse, ses passe-temps, ses convictions royalistes et ses rencontres avec ses amis. Si je devais résumer la personnalité de Boudet en quelques mots, je choisirais : cultivé, bienveillant, modeste, discret, pondéré. Voilà, généralement l'idée que se font de lui ses paroissiens. Ne raconte-t-on pas volontiers l'anecdote selon laquelle Boudet, ayant découvert une statue de Vénus nue, aurait refusé de s'en saisir, préférant la laisser à un archéologue biterrois.

Que s'est-il donc passé, pour que ce prêtre si paisible en apparence, se révèle si différent ? Nous abordons à présent le domaine de l'incertain. Jusqu'à présent, notre recherche s'était focalisée sur des faits réels et tangibles où les tentatives de mystification avaient été nombreuses mais facilement décelables. Tout ce qui va suivre, si passionnant soit-il, devra être analysé, filtré, reconsidéré. Rien ne devra être accepté sans vérifications sérieuses. Sommes-nous alors devant un personnage déconcertant et pour ainsi dire inconnu ou face à une manipulation savamment orchestrée. Je ne vous donnerai ni réponse, ni opinion. Ecoutons Patrick Mensior qui écrit dans *L'extraordinaire secret des prêtres du Razès* : « Il faut ici retracer ce que l'on croit être la chronologie de la transmission du secret. En 1774, l'abbé Antoine Bigou est curé de Rennes le Château, à la suite de la démission de son oncle, Jean Bigou, curé avant lui de ce même village depuis 1736. Antoine Bigou devient le confesseur de la Marquise de Negre d'Able, seule dépositaire d'un secret détenu par les Hautpoul depuis des générations. N'ayant pas de légataire masculin et étant brouillée avec ses trois filles, elle confie à l'abbé Bigou le soin de le transmettre à la postérité. Avant sa mort, survenue le 21 mars 1794, ce dernier confie à son compagnon l'abbé Caumeille le grand secret que ce der-

nier lègue ensuite à l'abbé Jean Vie et à l'abbé Cayron ». Jean Vie sera le prédécesseur de Boudet à Rennes les Bains et Cayron son hypothétique protec-
teur. A la mort de ces derniers, Boudet apparaît comme étant le seul dépositaire de ce secret. Il semble donc que pour certains, l'abbé ait eu connaissance d'un secret matériel ou spirituel, secret extraordinaire, et qu'il ait eu la
volonté de le faire connaître aux générations futures. Il est donc temps, maintenant, de poser trois questions qui me semblent tout à fait indispensables :

    – Comment a-t-il eu connaissance de ce secret?
    – Comment a-t-il procédé pour que celui-ci soit connu des futures
      générations ?
    – Enfin, quelle était la nature de ce secret ?

Quatre hypothèses peuvent répondre à la première question.

L'abbé seul a découvert accidentellement un trésor.
Plusieurs prêtres connaissaient l'existence de ce trésor.
L'abbé détenait un secret transmis de prêtre en prêtre
Plusieurs prêtres du Razes dont Boudet et Saunière étaient associés à ce
secret.

Voilà donc les quatre hypothèses émises. (Ce ne sont que des hypothèses et
en aucun cas des certitudes). Mais quelle que soit celle retenue, il semble que
pour certains chercheurs, l'abbé de Rennes-les-Bains ait pris la décision de
transmettre son secret en utilisant quatre codages différents.

Il écrit un ouvrage paradoxal :
La vraie langue celtique ou le cromleck de Rennes-les-Bains
Il dirige Saunière dans la décoration de son église.
Il fait construire un tombeau au lieu dit « Les Pontils ».
Il orne sa tombe d'un mystérieux livre.

Revenons donc à Boudet et à sa fameuse « Langue Celtique ». Qui est-il
exactement et pourquoi cette œuvre est-elle surprenante ? On connait les capacités linguistiques de notre curé. Mais d'autres qualités intellectuelles font
de lui un personnage respecté dans son village et dans sa région. En plus de
l'anglais, le curé cultive le grec et le latin. On le décrit comme un individu
énergique, actif, doté d'un grand sens de l'observation. Il se passionne aussi
pour la photographie. Il possède, d'ailleurs, ce qui est rare pour l'époque, un
laboratoire. L'apiculture n'a pas de secret pour lui. Des ruches sont installées

dans le grenier du presbytère. Très apprécié pour ses compétences historiques et archéologiques, il est en relation avec de nombreuses sociétés savantes à qui il adresse ses travaux.

C'est donc d'un homme instruit dont nous parlons, d'un homme respecté par le milieu scientifique et reconnu par tous. Or, un fait anodin en apparence, va bouleverser ce statut : la parution en 1886 de son livre *La vraie lange celtique et le Cromleck de Rennes-les-Bains*. Tout commence avec le titre de l'ouvrage, Boudet y laissant volontairement selon certains, une faute d'orthographe, cromlech s'écrivant avec « ch » et non « ck ». Quel serait le but de cette erreur ? Mais, est-ce véritablement une méprise ? Une étude, menée en avril 2015 par Patrick Mensior, semble prouver que les deux orthographes étaient valables. Certaines sociétés, en particulier la Société Historique et Archéologique de Soissons utilisait le « k » pour écrire « cromleck ». En 1862, la commission des antiquités départementales du Pas-de-Calais faisait de même, bientôt imitée en 1884 par celle de Seine-et-Oise. François Bournant, dans son livre, *Histoire de l'art*, confortait cette idée. Je prends donc à mon compte la conclusion donnée par une association castelrennaise déclarant : « Il est aisé de constater que les prétendues fautes d'orthographe, qui plus est, volontaires, de l'abbé Boudet, sont désormais exclues. On peut imaginer que si le curé écrivait ces mots de cette façon, c'est qu'il les avait lus orthographiés de même ».

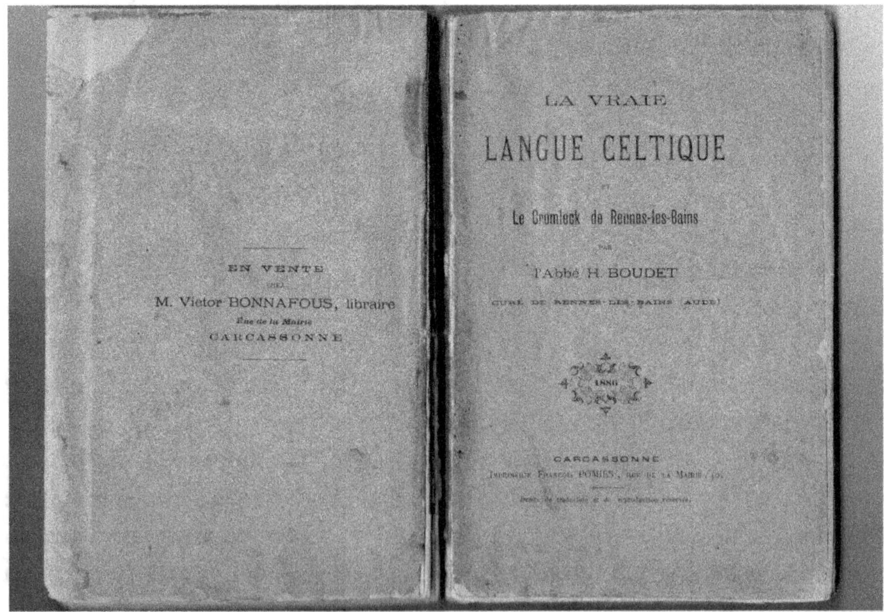

22 – Un original de l'ouvrage de Boudet
(celui qui a servi à réaliser le fac similé publié par EODS)

Présentons dans un premier temps et de manière historique cet ouvrage. L'abbé a fini de l'écrire en 1880. Mais il faudra attendre six ans avant de le voir édité par la maison Pomiès. Il est diffusé définitivement en 1886 à compte d'auteur par Louis Bonnafous, successeur de Pomiès. Ne tenons pas compte, dès à présent, de toutes les théories jouant sur les dates, essayant d'y voir un début de mystère. Sa sortie se limite à 500 tirages dont 300 sont offerts, 98 vendus et 102 détruits. (Les chiffres varient selon les chercheurs). Son coût, qui s'élève selon certains à 5382 franc-or, semble prouver l'importance de cette œuvre aux yeux de l'abbé. Avec l'achat de ce livre, le lecteur se voit offrir une carte de la Renne Celtique faite par son frère Edmond, carte qui, selon certains, présente des particularités troublantes concernant en particulier le bassin hydrographique de la vallée. Ce livre, qui ne connaît qu'un succès d'estime à sa parution, finira par obtenir son heure de gloire puisque depuis 20 ans, pas moins de six éditions vont se succéder. Mais revenons à l'époque de notre curé. Ce dernier fait tout pour que son ouvrage obtienne le meilleur accueil. Il va même jusqu'à en envoyer un exemplaire à la reine Victoria qui le remerciera par un billet que son secrétaire lui fera parvenir lors d'un séjour à Biarritz. Des cartes postales se vendent même avec, comme légende : « Pierre plantée du Cromleck celtique ». Posons-nous maintenant la question qui me semble devenue indispensable : que nous apprend l'abbé à travers cet ouvrage ?

Il tente dans un premier temps de démontrer que la langue maternelle de l'humanité n'est autre que l'anglais. Je préfère laisser parler Boudet lui-même : « Le titre donné à cet ouvrage semble, au premier abord, trop prétentieux. Il est facile toutefois d'en démontrer la vérité puisque la langue celtique n'est point une langue morte disparue, mais une langue vivante parlée dans l'univers par des millions d'hommes »

Ecoutons aussi le commentaire d'André Salaün « Le thème principal de son livre repose sur le postulat que la langue celtique est la langue primitive de l'humanité d'où découlent toutes les autres langues, hébraïque, basque, punique, bretonne, occitane et que la vraie langue celtique est l'anglais. »
Un simple exemple va nous permettre de mieux comprendre son raisonnement. Les numides doivent leur nom au fait qu'ils cherchent sans cesse de nouvelles prairies : en anglais « *new meads* ». Devant un tel discours, les réactions ne se font pas attendre. Les critiques sont nombreuses et acerbes. Voici l'une d'entre elles parue dans *le Radical du Midi* : « Le livre qu'a fait paraître l'abbé Boudet sur ce qu'il appelle la vraie langue celtique n'est pas

fait pour le placer au rang de ses confrères de l'église savante. Rarement présomption plus grande s'est liée à une ignorance plus complète du sujet traité ». La critique de l'Académie des sciences et belles lettres de Toulouse du 5 juin 1887 est identique, même si elle reconnaît le travail du prêtre : « Nous n'avons pas été peu surpris d'apprendre que la langue punique qui se parlait avant Babel était l'anglais moderne. C'est ce que Monsieur Boudet nous démontre par de prodigieux tours de force étymologiques ». En 1891, Emile Cartailhac, éminent préhistorien demande aux archéologues de se méfier des étymologies suggérées par un brave prêtre du Razès. Louis Fedié, qui soutint un moment notre abbé, se voit obligé de prendre ses distances. Pour rester équitable, notons cependant quelques réactions positives venant de spécialistes tel que monsieur Giordi, archéologue et photographe à Limoux. Plus difficile à cerner reste la déclaration du révérend père Vanier qui déclare : « L'abbé Boudet détient un secret qui pourrait engendrer de grands bouleversements ». On pourrait penser que les divagations de notre curé vont s'arrêter là. Mais il va encore plus loin en créant de toute pièce ce qu'il appelle « un Cromleck » autour de Rennes-les-Bains. Il le décrit sans rire en insistant sur des mégalithes qui ne sont en fait que des roches naturelles et non des roches façonnées par l'homme. Il en fait même un inventaire qu'il situe sur une carte de la Renne Celtique. Il annonce très sérieusement que ce lieu a une circonférence de seize à dix huit kilomètres. Il nous parle même d'un Cromleck central où se réunissaient, selon lui, les membres de la société savante. En vérité, tout ce que déclare l'abbé, relève de la plus haute fantaisie, les pierres décrites n'étant pas des mégalithes. Ainsi, le Cromeck de Rennes-les-Bains n'est pas un cromleck puisqu'il est naturel. De plus, notre bon curé, qui n'est pas à une gaffe près, oublie de parler du seul vrai menhir de la région : celui de Peyrolles.

A ce stade de la recherche, il est nécessaire de poser la question que tout le monde a en tête : pourquoi ce prêtre a-t-il écrit volontairement autant d'inepties ? Pourquoi s'est-il discrédité auprès de ses villageois et surtout auprès des sociétés scientifiques auxquelles il appartenait ? Certains chercheurs ont cru voir, dans le discours de Boudet, une recherche scrupuleusement honnête à laquelle ce dernier croyait fort. D'autres, comme Gérard de Sède, y ont décelé une volonté farouche de codage. « Comme le titre lui même l'annonce, les fantaisies étymologiques ne sont pour l'auteur qu'un masque. Son vrai propos est d'ordre géographique ».
Le mot « Cayrolo » semble éclairer l'objectif de l'abbé. Selon Boudet, « Cayrolo » vient de trois mots anglais désignant une clé, un épi de blé, un

creux. Cette énormité ne semble être mise là que pour signaler le passage
« clé » qui suit immédiatement. Telle est l'idée de Gérard de Sède. Ainsi
apparaîtrait la localisation d'un lieu où serait stockée la céréale, c'est à
dire le blé. Et « quand on sait que blé en argot signifie « or », alors on a
tout compris ».

 Ainsi, le livre de Boudet serait un énorme jeu de piste permettant au lecteur
initié de découvrir.... jeu de piste fonctionnant par allégories, jeux de mots,
allusions et utilisant le « langage des oiseaux ».

Avant d'aller plus loin et avant d'évoquer l'hypothèse d'un second codage,
permettez-moi de revenir sur la bibliographie du curé de Rennes-les-Bains.
Elle se décompose en deux parties. On distingue les livres ayant été véritablement édités. Je pense à la « Langue Celtique » bien sûr, à *Remarques sur
le dialogue languedocien*, au *Livre d'Axat* et *Du nom de Narbonne*. Et puis,
il y a le trop célèbre *Lazare veni foras* qui fait partie de la mythologie castelrennaise. Pour certains, cet ouvrage est un faux que de nombreux chercheurs
ont malheureusement associé à Boudet. Pierre Jarnac, dans son *Histoire de
Renne- le-* Château n'hésite pas à parler d'ânerie. Gérard de Sède, par contre,
nous assure que l'abbé Courtauly lui aurait permis de connaître cet ouvrage
qui aurait bénéficié de trois versions. C'est ainsi que l'on apprend que ce fameux « Lazare » aurait été détruit par les autorités religieuses devant Boudet
lui-même en 1914.

23 – Lazare veni foras

Le second codage que certains chercheurs prêtent à l'abbé Boudet paraît encore plus surprenant que le précédent. Lors de notre première enquête, nous avions étudié les travaux que Saunière avait effectués dans son église, avec l'aide de Marie, sa servante, des gens du village et de quelques ouvriers. Nous avions observé les relations existant entre nos deux curés et sans accréditer la thèse d'Octonovo qui insiste sur l'absence de lien entre les deux prêtres, nous avions gardé le sentiment que des rencontres nécessaires avaient bien eu lieu entre ces deux ecclésiastiques, mais que ceux-ci avaient mené leur vie différemment. Or il semble que pour certains chercheurs Saunière et Boudet, non seulement se fréquentaient, mais avaient noué des liens très étroits. Reprenons les paroles d'un auteur déclarant : Saunière est-il l'arbre qui cache la forêt ? Qu'entend-il par là ? Boudet a-t-il eu un rôle beaucoup plus essentiel que celui qu'on lui prête au premier abord ? Quel est l'élément fondateur qui permet d'envisager cette hypothèse ? Pour la majorité des chercheurs, la relation Boudet / Saunière se manifeste sous la forme de dons. Mais le montant des sommes allouées au curé de Rennes-le-Château par le prêtre de Rennes-les-Bains est bien différent selon les auteurs. Octonovo parle effectivement d'aide de la part de Boudet, mais celle-ci ne s'élèverait qu'à peu de chose. Par contre, Henri Lincoln et Andrews envisagent des dons allant jusqu'à quatre millions de francs or pour le premier et trois millions six cent mille pour le second. Certains assurent même que ces sommes d'argent n'ont pas été versées directement à Saunière, mais qu'elles ont transité par l'intermédiaire de Marie. L'idée d'une servante téléguidée par Boudet a même été envisagée par certains (voir *Rennes-le-Château capitale secrète de la France*). Je pense que cette hypothèse relève plus du mythe que de la réalité. Il faut se rappeler, en effet, que Boudet ne fut pas le seul donateur de Saunière, l'abbé Sarda ayant offert à ce dernier 2306 francs et que le curé de Rennes les Bains n'a pas aidé que le seul Bérenger, l'évêché ayant reçu, avant la mort de Monseigneur Billard, huit millions à répartir entre l'orphelinat de garçons de Saint-Vincent de Paul et le monastère de Prouille. A ce stade de l'enquête, il faut rester serein (attention au gobe-mouche de Farin-Gelis). Il n'en demeure pas moins qu'une question s'impose dont nous n'aurons jamais véritablement la réponse. Même si le train de vie de Boudet était relativement aisé, comment expliquer l'ensemble des aides financières effectuées ? Certains n'ont pas hésité à franchir le pas. « En poussant plus loin, on a imaginé derrière l'abbé Boudet, un système de l'ombre, une société secrète qui aurait aidé au financement de l'affaire ».

La liaison financière entre les deux curés étant reconnue par certains, l'hypothèse d'un codage de l'église Sainte-Marie-Madeleine par Saunière, mais à l'initiative de Boudet devient ainsi envisageable. « Contrairement à l'opinion émise par de nombreux auteurs qui ont traité le sujet, nous avons les meilleures raisons de penser que Saunière ne fut que le bras de l'abbé Boudet ». (*La Démystification*, Armand Bren). « Il eut l'idée de constituer l'illustration vivante en utilisant comme support l'église de Saunière dont il finança la restauration en sous-main ». (*L'affaire de Rennes le Château*, Christian Doumergue).

24 – Tombeau des Pontils

Pour évoquer l'éventuel troisième codage de l'abbé Boudet, il nous faut quitter la région des deux Rennes et remonter la vallée du Rialsesse. Empruntons la départementale allant de Couiza à Arc, passant par le petit village de Serres. Peu après celui-ci, au lieu-dit « Les Pontils » apparaît, sur la droite, un monticule où se dressait le tombeau du même nom. Il est facile de le repérer car, à cet endroit, la route franchit un petit ravin. Si je peux vous donner un conseil, ne faites pas comme moi, n'essayez pas, par tous les moyens, d'y accéder. Vous n'y rencontreriez que panneaux d'interdiction et fils de fer barbelés. Je ne vous rappellerai pas l'historique de ce monument. Sachez qu'il appartint à la famille Gallibert, puis à Madame Emily Rivera et qu'il fut dynamité par son nouveau propriétaire le 9 avril 1988, suite aux visites d'énergumènes peu regardants. Mais pourquoi vouloir parler de cette tombe, qu'a-t-elle de si extraordinaire ? Il semblerait qu'elle soit le modèle « copie-conforme » du fameux tableau de Nicolas Poussin *Les Bergers d'Arcadie*. Une première querelle entre spécialistes nous empêche de connaître la date exacte de la réalisation de cette œuvre. Certains proposent une période allant de 1638 à 1640, d'autres de 1650 à 1655. Ce qui est certain, par contre, c'est la ressemblance impressionnante existant entre le paysage du tableau et le panorama visible de la tombe. Je me permets, cependant, de faire une remarque tout à fait personnelle concernant la peinture de Poussin. Au cours d'un voyage à Paris, je me suis rendu au Louvres où elle est exposée. Si la partie droite est tout à fait identique au paysage du Razès, la partie gauche, dont on ne parle jamais, n'a rien à voir avec la vue des Pontils. Poussin a donc bien fixé sur la toile la vision que l'on rencontre du côté de Serres. Mais est-ce possible ? Comment ce peintre a-t-il pu reproduire un tombeau qui n'existait pas à son époque et qui sera conçu 270 ans après sa mort. Et s'il s'agissait d'une inversion ? N'a-t-on pas construit le tombeau « Des Pontils » sur le modèle donné par l'œuvre de Poussin ? Et dans ce cas, qui a eu intérêt à proposer cette construction ? La réponse semble claire : Henri Boudet, l'objectif du curé étant de faire que le tombeau rappelle la peinture et donc le peintre. Nous sommes face au troisième hypothétique codage du prêtre. C'est la construction du tombeau qui se fait à l'image du tableau et non l'inverse. Mais comment est-ce possible et pourquoi ? Il est facile de répondre à la première partie de cette question. Henri Boudet est curé de Rennes les Bains. Le propriétaire du terrain où se trouve la tombe est un certain Monsieur Gallibert. Quoi de plus facile pour notre abbé que d'influencer ce dernier afin que la sépulture des Pontils soit la réplique de celle de l'œuvre de Poussin. Je reprendrai volontiers le texte de Paul Rouelle dans *Top Secret* : En réalité, ce problème n'en est pas un. C'est le propriétaire de l'époque un certain Monsieur Gallibert, qui l'a fait construire en fonction du tableau et non l'inverse.

Mais quel était l'objectif de notre curé ? Le tombeau fait référence aux Bergers d'Arcadie. Cette œuvre nous dirige à coup sûr vers son auteur, Nicolas Poussin, et à la fameuse lettre du 17 avril 1656 écrite par l'abbé Louis Fouquet et envoyée à son frère Nicolas, surintendant de finances. Il est évident que le secret dont parle Louis Fouquet est d'une importance capitale et la suite de la biographie de son frère Nicolas ne fera que le confirmer. L'étude du mausolée de Poussin commandé par Chateaubriand en 1828, se trouvant dans l'église San Lorenzo in Lucina conforte cette hypothèse. On y voit le buste du peintre et sur la face avant, une réplique des « Bergers d'Arcadie ». Mais le plus captivant se trouve dans l'épitaphe du monument.

« Retiens tes chastes larmes, Poussin vit dans cette tombe. Il a vécu en ignorant la mort. Il se tait, ici, mais s'il t'est permis de l'entendre parler, il est étonnant par ses tableaux car il est vivant et s'exprime »

25 – Poussin à San Lorenzo

Comme le dit *l'ABC de Rennes le Château* : « Poussin restera sans doute dans l'histoire, non pas de l'art mais dans l'histoire tout court. »

Voici donc le troisième codage qu'Henri Boudet aurait mis en place. J'aurais aimé vous parler des différentes versions de ce tableau, mais ceci nous éloignerait trop de notre sujet. Je préfère vous conter l'histoire de sa seconde version qui est celle visible à Paris. Il semblerait que son commanditaire soit le cardinal Rospigliosi. Mais son véritable propriétaire fut Louis XIV qui le racheta à un militaire normand après une quête qui dura trois années. La légende veut que le souverain, ayant connaissance de secrets inestimables cachés dans le tableau,

conserva celui-ci à l'abri des regards, dans ses appartements privés.
Ceci pourrait expliquer, l'arrestation soudaine de Nicolas Fouquet, à
Nantes, par d'Artagnan et son internement au fort de Pignerolles
jusqu'à sa mort.

26 – Le Livre sur la tombe à Axat

Pour parler du dernier codage que l'on prête à Henri Boudet, il va fal-
loir nous éloigner quelque peu de la région des deux Rennes. Nous allons remonter la vallée de l'Aude, traverser les villes de Couiza et
Quillan, franchir le défilé de Pierre Lys, afin d'atteindre le petit village
d'Axat. Nous allons partir alors à la recherche de son cimetière, car
c'est là qu'il se trouve. C'est, en effet, la tombe d'Henri Boudet et celle
de son frère Edmond qui paraît servir de support à ce dernier. Se situant
dans la partie la plus ancienne du cimetière, cachée par deux mauso-
lées et un arbre, elle est difficile à trouver. C'est une pierre très simple,
ornée d'une croix en relief et de l'épitaphe des deux hommes. Mais le
plus important se situe dans le coin droit de la sépulture, sous la forme
d'un livre fermé. De nombreux amoureux du mystère des deux Rennes
veulent y voir une référence à la « Langue Celtique ». Selon eux, le fait
que l'œuvre de Boudet apparaisse sur sa tombe est la preuve tangible
de l'importance de l'ouvrage aux yeux de l'ecclésiastique. Il existe, en
effet, sur ce livre de pierre, une inscription en hauteur qui, pour

quelques chercheurs, serait une indication qui permettrait de découvrir le lieu de sépulcre…. du Christ !!! Pour d'autres, l'inscription devrait se lire dans l'autre sens. Ainsi, apparaît le nombre 31011, 310 étant écrit en chiffres arabes et 11 en chiffres romains, (des doutes subsistent quant à la bonne lecture de l'inscription). Gérard de Sède n' hésite pas à en déduire que 310 rappelle le nombre de pages de la fameuse « Langue Celtique » et que 11 correspond à celle où apparaît pour la première fois le fameux « blé » dont on a déjà parlé. Alors, transmission d'un secret ou simple tombe d'un brave curé de campagne ? Le mystère reste entier. Avant de quitter Axat, il me reste à aborder un épisode familial de la vie d'Henri Boudet qui doit attirer notre attention. Le prêtre de Rennes-les-Bains voit son neveu arpenter les tranchées des champs de bataille pendant la guerre 14/18. Grâce à son intervention, ce dernier est rapatrié très rapidement dans son village où il est chargé de surveiller l'usine hydroélectrique située à près de 1000 kilomètres du front. Comment expliquer cette mutation soudaine quand on connaît les difficultés existantes pour faire revenir un soldat loin du conflit ? Qu'y avait-il dans la balance de l'abbé pour que celle-ci s'incline du bon côté ? Nous ne le saurons jamais, mais comme on le dit de nos jours, ce devait être du « très lourd ».

Je devrais à présent poser la question que tout le monde attend : quel était le secret que Boudet voulait faire passer à la postérité ? Je ne m'y risquerai pas. Ce sujet a été traité de très nombreuses fois et tout le monde connait les différentes hypothèses proposées. Je me permettrai cependant d'attirer votre attention en direction d'une piste impliquant particulièrement le curé de Rennes-les-Bains. Peu spectaculaire et régionaliste, elle nous ramène à l'époque de la révolution. Après la prise de la Bastille, les idées nouvelles envahissent toutes les régions de France. Les ecclésiastiques se trouvent confrontés aux pires difficultés. La nouvelle loi votée le 26 août 1792 contraint le clergé et l'abbé Bigou, entre autres, à prendre la fuite. On est face à un véritable exil du clergé audois. Que faire de tous les biens que possède l'Église ? Pourquoi ne pas imaginer une cache générale où les richesses appartenant aux prêtres du Razès auraient été préservées, cache découverte par hasard par Boudet. Cette thèse d'un trésor non plus légendaire mais simplement local reste une piste peut-être moins prestigieuse, mais certainement plus sérieuse que celles proposées en général jusqu'à maintenant.

Au lieu de développer ce chapitre, je préfère terminer notre rencontre avec Henri Boudet en posant cette ultime question. Henri Boudet est-il véritablement ce prêtre mystérieux tel qu'on vient de le décrire ou bien est-on en présence d'une mystification créé de toute pièce sur plusieurs décennies, transformant ainsi un petit curé de village, en un détenteur de secrets exceptionnels ? Il existe deux manières de répondre à cette problématique : soit avec le cœur, soit avec la raison.

Si l'on se situe du côté de l'affect, il est évident que notre réponse sera positive. Oui, Boudet est bien l'homme décrit ci-dessus ! Comment pourrait-on d'un coup de baguette magique effacer cette belle histoire qui tient en haleine depuis des dizaines d'années des centaines de milliers de lecteurs et bon nombre de chercheurs ? Comment refuser soudainement le rêve provoqué par cette aventure relevant de l'épique ? Car l'histoire des deux Rennes, et par conséquent la vie d'Henri Boudet est bien, en définitive, un véritable feuilleton digne de Féval ou Eugene Sue. Mais la raison, qui a ses propres arguments, va battre en brèche notre bel optimisme. Il est certain que cette histoire a pour base des faits indéniables : la construction d'édifices dont on ne connaît pas les sources de financement. Mais, à partir de là, va débuter une des plus grandes mystifications du vingtième siècle. Et cette mystification, qui va se construire étape par étape, porte un nom : Pierre Plantard. Il va, dans un premier temps, inoculer les fondements du mythe à travers différents textes personnels. Avec l'aide de Philippe de Cherisey, il produira des documents qui se révèleront rapidement faux, mais qui serviront d'étayage à son histoire. La plume de Gérard de Sède le fera passer du niveau local au niveau national. L'œuvre de trois anglais, *L'Énigme Sacrée*, lui permettra d'obtenir une audience mondiale, faisant du Razès l'une des capitales planétaires du mystère. Par la suite, la belle histoire changera encore de statut. Elle deviendra ce mythe agglutinant où chacun pourra développer ses propres thèses, même les plus improbables. Ainsi apparaîtront certains tombeaux cachés et quelques loges maçonniques religieuses. Et cette course au spectaculaire continuera à se développer jusqu'à nos jours. N'oublions pas l'épisode qui fit, il y a peu, du Pech d'en Couty le site du trésor des wisigoths. Mais le ver était déjà dans le fruit. Outre la découverte du caractère fallacieux des documents fournis par Plantard venaient s'ajouter les témoignages de certains auteurs reconnaissant les manipulations du grand Nautonier. Ainsi de Sède, dans son livre sorti en 1988, *Rennes- le- Château, le dossier, les impostures, les fantasmes* jetait-il une ombre sur la belle histoire. De même Henri Lincoln revenait-il sur ses propres conclusions, présentées dans ses deux premiers ouvrages. Mais le plus dur restait à venir. Il ne s'agissait plus de détruire le mythe lui-même, mais de donner une explication logique à sa cause, c'est à dire d'élucider rationnellement le financement des constructions faites par Saunière. Et c'est Octonovo qui allait s'en charger. Grâce à un travail remarquable de recherches, il allait résoudre le nœud du problème en découvrant un vulgaire trafic de messes expliquant ainsi la provenance de l'argent de l'abbé de Rennes- le-Château. Saunière descendait ainsi de son piédestal, Henri Boudet perdait de son prestige et redevenait le petit curé d'une humble station thermale.

Alors que reste-t-il de notre histoire ? Il serait illusoire de ne pas accepter les faits tels qu'ils sont, même s'il est toujours difficile de perdre un rêve. Il serait vain de tenter de faire comme si de rien n'était. Mais ces explications, si précises soient-elles, apportent-elles toutes les clés permettant au lecteur d'ouvrir définitivement les portes menant à la vérité ? Il ne s'agit pas ici de s'accrocher désespérément à quelques détails faisant de nous des « Don Quichotte » luttant contre les moulins à vent. Non, il s'agit de faire un travail rationnel tentant d'analyser rigoureusement la situation afin d'y voir plus clair. Cette réflexion portera sur deux axes de recherche :

– Existe-t-il encore des questions non élucidées concernant Henri Boudet ?
– A-t-on la sensation profonde que tout a été dit au sujet de l'histoire des deux Rennes ?

Je commencerai par ce second point. On a toujours fait de Plantard, le créateur de l'histoire des deux Rennes. Mais il faut savoir que bien avant lui, on parlait déjà de mystères et de trésors sur les terres du Razès. Outre la légende du Berger Paris, de nombreux récits alimentaient les longues soirées d'hiver, autour de la cheminée, des paysans de la région. Qui n'a jamais entendu parler des « Mitounes », des « Encantadas » et même des aventures « du diable et de son trésor » ? Qui ne connait pas l'odyssée de la Reine Blanche au château de Peyrepertuse ? Qui ne se souvient pas de cette nuit de 1987 où la falaise près de la Croix Delmas à Rennes-les-Bains fut, selon certains, visitée par un bien curieux commando. Bien sûr, rien ne prouve la véracité de l'histoire des deux Rennes. Que dire cependant de l'attitude de Pierre Plantard que j'ai déjà évoquée en début de conférence ? Un proverbe nous dit bien que l'assassin revient toujours sur les lieux de son crime. Mais comment expliquer l'achat par le grand Nautonier, qui n'était pas particulièrement riche, d'une concession dans le cimetière de Rennes-les-Bains et surtout, d'un terrain sans intérêt en apparence, dans le cœur même du Cromleck cher à Boudet. Plantard se serait-il lui-même inoculé cette folie qui a contaminé bon nombre de chercheurs ou bien connaissait-il certains faits encore ignorés de nos jours ? Et que dire des lettres de Jean Loret, gazetier personnel de la Duchesse de Longueville, proche du Prince De Conti, de Condé, de Pavillon et de Fouquet déclarant le 24 septembre 1661 et le 29 octobre de la même année :

> Cela n'était point une baye
> et l'histoire n'est que trop vraye
> mais j'ay sceu, par autres billets
> que ce fut au comté d'Alet
> et non en celuy de Toloze
> qu'arriva la susdite chose;
> et l'evesque, dit-on du lieu
> que l'on tient tres-zélé vers dieu
> a procez, touchant cette afaire
> encontre le proprietaire
> du champ où tomba l'or susdit

Jean Loret fait en effet allusion dans ce texte au conflit ayant opposé Nicolas Pavillon, évêque d'Alet-les-Bains et le Baron de Hautpoul, conflit concernant un terrain contenant « une pluye dorée ». Sachez qu'après cette parution, le journaliste perdit toutes ses pensions suite à une intervention de Colbert et qu'il fut chassé par Louis XIV, mourant quatre ans plus tard dans la plus grande des misères. Avouons que cette nouvelle approche de l'affaire peut provoquer un rebondissement inattendu.

A ces arguments déjà fort connus, je rajouterai deux expériences qui me sont arrivées personnellement. Il y a peu, j'ai assisté à une table ronde organisée en fin de saison par notre ami Philippe Marlin, à laquelle participaient toutes sortes d'amoureux de la Belle Histoire. Il y avait là des chercheurs chevronnés, défenseurs de notre légende, et puis, des jeunes, beaucoup plus circonspects. Chacun d'entre eux défendit sa position. Mais à la fin, à la question de Philippe : « Y-a-t-il encore un mystère Saunière-Boudet » ? Tous, je dis bien tous, répondirent par l'affirmative. Buttegegg, Octonovo rejoignaient les « anciens » en affirmant que toute la vérité était loin d'être délivrée concernant notre histoire. Ce sentiment est complété par un second témoignage que je vous livre maintenant. Chaque année, après l'assemblée générale de notre association[4], j'ai le plaisir de ramener chez lui, notre ami Henri Lincoln. Passant par la route de Coumesourde, plus connue sous le nom de chemin des « loups- garous », nous avons l'habitude de converser longuement sur notre sujet favori. Au cours de ces petits périples, Henri m'a souvent déclaré en parlant de *l'Énigme Sacrée* : « je n'aurais jamais dû écrire ce livre ». Mais il rajoute aussitôt : « Et pourtant, je suis sûr qu'il y a quelque chose ». Ainsi, même s'il reconnaît avoir été manipulé, Henri n'en demeure pas moins persuadé que les deux Rennes et leurs curés sont loin d'avoir délivré tous leurs secrets.

A ces déclarations, je me permettrai d'apporter mes propres questions auxquelles je ne trouve pas de réponse logique et définitive. Je me limiterai à énumérer celles qui concernent Henri Boudet puisque c'est le thème de notre journée et vous verrez qu'elles se suffisent à elles-mêmes.

- Y-a-t-il eu une visite, comme certains l'affirment, de l'église de Serres avec Monseigneur Billard, l'abbé Gelis, le curé de Bugarach et l'abbé Boudet ? Cette rencontre est-elle à mettre en relation avec la mort du curé de Coustaussa ? Y-a-t-il un lien entre cette visite et les deux croix templières de la Chapelle?

- Pourquoi Henri Boudet s'est-il fait inhumé à Axat loin de sa mère et de sa sœur?

- Quelles sont les véritables raisons de la présence d'un livre sur sa tombe ? Fait-il allusion à la trop fameuse « Langue Celtique » ?

- Pourquoi ce livre est-t-il fermé ? Faut-il le mettre en rapport avec *le Mystère des Cathédrales* de Fulcanelli qui nous explique que ce symbole désigne le minerai brut, extrait de la mine ? Est-ce une allusion à celles de Rennes-les-Bains ? Est-ce une allusion à la « chose cachée », au secret, à la connaissance ésotérique et à l'état d'initié ?

- Pourquoi et surtout comment Henri Boudet a-t-il pu aider financièrement Saunière ?

- Pourquoi Boudet a-t-il écrit la trop fameuse « Langue celtique » ? Qu'espérait-il en tirer ?

---

[4] L'Association pour la Préservation de l'Ame de Rennes-le-Château, créée par Jean-Luc Robin et actuellement en sommeil.

Pourquoi se dévaluer aux yeux de tous et dans quel but ?

> – Les mines de Rennes-les-Bains sont-elles sur le terrain de Plantard ? Font-elles partie des mines qui ont intéressé Colbert instigateur de la « Société Royale des Mines du Languedoc », intervenant essentiel dans l'épisode Louis XIV, Fouquet, Poussin ?

> – Que pensez des déclarations faites par Loret faisant apparaître des faits nouveaux très éloignés de l'époque où vivaient Boudet et Sauniere?

Notre rencontre avec Henri Boudet touche à sa fin. J'espère tout d'abord qu'elle vous a intéressée, qu'elle vous a permis de reconstituer en partie cet énorme puzzle historique constitué de centaines d'informations. Mon objectif étant d'être le plus objectif possible, j'ai voulu vous faire connaître les pièges principaux posés par certains chercheurs désireux de transformer notre ecclésiastique en super héros du Razès. J'ai tenté de prouver qu'il n'y avait pas d'un côté une légende Saunière et de l'autre un récit Boudet, mais qu'il existait bien une seule histoire: celle des deux Rennes. J'ai essayé de vous présenter l'affaire de la manière la moins dogmatique possible en réfutant les thèses les plus abracadabrantesques mais en démontrant aussi que la position du « circulez y'a rien à voir » chère à certains, n'était pas plus acceptable. Enfin, j'ai voulu qu'après cette entrevue avec l'abbé, vous puissiez continuer à aimer nos deux Rennes, le Razès en général et que le rêve qui vous a envahi puisse se perpétuer. Bien sûr, aucune solution finale ne vous a été présentée. Je n'ai fait qu'entrouvrir quelques « portes » par lesquelles la lumière pourra peut-être entrer un jour. Sachez, cependant, que la « belle Histoire » ressemble à une poupée russe. Quand on en ouvre une, on en découvre une autre. Peut-être avons nous fait l'erreur de trop nous concentrer sur la plus grande et sur la plus petite ? Jusqu'à maintenant deux périodes ont passionné les chercheurs : celle allant du début de notre ère jusqu'aux années 1320 et puis une autre plus, récente, allant de 1860 à nos jours. Mais n'existe-t-il pas un autre moment clé de notre histoire et de l'histoire de France en général mal connu bien qu'essentiel ? (certains faits et certains personnages ont été étudiés, mais de grandes zones d'ombre demeurent). Je veux parler des années couvrant le siècle du roi Soleil qui, chose étonnante, n'ont jamais été étudiées scrupuleusement (est-ce volontaire ?). Pour la majorité des Français, parler du « Grand Siècle » c'est évoquer la puissance, la gloire, le faste, la guerre, les victoires, Versailles, la cour, la démesure. Mais les années Louis XIV ne se résument pas à cela. Ce sont aussi des faits moins connus : le traité des Pyrénées, les deux Frondes, la misère du peuple, la famine, des personnages peu cernables: Mazarin, Richelieu, Colbert, des mouvements religieux nouveaux : les Lazaristes, les Jansénistes, des sociétés secrètes ou discrètes : la Compagnie du Saint Sacrement, la société AA, la société Angélique, des personnalités importantes : Pascal, Descartes, Claude et Charles Perrault, la dynastie Cassini, Saint-Vincent de Paul. Et tous ces éléments, sachez-le bien, ont tous une relation plus ou moins étroite avec notre histoire des deux Rennes. Alors, existe-t-il un facteur commun à tous ces éléments les mettant en relation entre eux et avec le Razès ? Je répondrai par l'affirmative. Il y a peut-être un autre homme de l'ombre, non du dix-neuvième siècle, mais du dix-septième. Et ce personnage caché n'est autre que Nicolas Pavillon, l'évêque d'Alet-les-Bains, plus petit évêché de France, Nicolas Pavillon le janséniste, Nicolas Pavillon dont le maître à penser n'était autre que Saint-Vincent de Paul le fondateur des Lazaristes, Nicolas Pavillon l'homme qui résista à la puissance du roi Soleil. Alors une rencontre avec l'évêque d'Alet, est-ce que cela vous dit ?

CHAPITRE III

HENRI BOUDET, UN PERSONNAGE DE ROMAN ?

Présentation par Claude Boudet de son roman. Nous reprenons ici la chronique publiée par La Lettre du Crocodile de Rémi Boyer.

LES OMBRES DE RHEDAE DE CLAUDE BOUDET,
Editions L'Œil du Sphinx

LES OMBRES DE RHEDAE

par Claude BOUDET

Contrairement à l'abbé Saunière, dont la vie est très documentée, ne serait-ce que par ses propres écrits, l'abbé Boudet reste pour l'essentiel un mystère. Son ouvrage majeur, *La Vraie Langue Celtique ou le Cromleck de Rennes-les-Bains*, a laissé plus d'un lecteur perplexe. Mais que voulait-il nous transmettre ?

Claude Boudet, dont la filiation avec l'abbé est du reste incertaine, a cherché à y répondre sous la forme d'un roman. Un roman intimiste, qui nous fait plonger dans le quotidien du prêtre, par les yeux de l'un de ses neveux qu'il héberge au presbytère. Et ce témoin privilégié ira de surprise en surprise jusqu'à pénétrer, en compagnie de son oncle, au cœur du mystère du Cromleck.

Mais s'agit-il seulement d'une fiction ?

Philippe Marlin

Les photos de couverture proviennent de la collection privée d'Astrid Ancelle.

La vie de l'abbé Boudet auteur de l'étrange ouvrage intitulé *La Vraie Langue Celtique ou le Cromleck de Rennes-les-Bains* reste méconnue, dans l'ombre de l'abbé Saunière. Le choix de l'écriture romancée est ainsi adapté à ce que l'on sait de l'abbé et surtout à ce que l'on ignore de sa vie.

Le roman nous fait plonger dans le quotidien et l'intimité de l'abbé à travers le regard d'un neveu qu'il héberge en son presbytère.

Extrait :

« Je regardais autour de moi : Madame Olive me considérait de coin avec un large sourire tout en continuant, maille après maille, son éternel tricot. L'idée me vint qu'elle devait être au courant, depuis longtemps dans la confidence du projet de mon oncle l'abbé. Quant à Célestin, je ne saurais dire pourquoi, il me semblait perdu dans ses pensées et des visions étrangères à ce qui se passait : ses yeux ronds et clairs à l'accoutumée me semblaient fuir, un peu voilés, un peu plissés, comme quelqu'un qui éprouve une contrariété. Cela me troubla.

> – Pourquoi moi ? demandai-je enfin ?

> – Parce que tu es mon neveu ! déclara mon parent. Parce que tu sais lire ! Parce que je dois assurer ton avenir… après s'il plaît à Dieu, nous verrons. Mais si tout vient comme je le pense, tu n'auras plus aucun souci pour ton avenir.

> – Je dois cela à ma cousine ! ajouta-t-il. Je dois cela à ton père, à la famille et donc à toi. Voilà pourquoi !

J'acceptai avec un grand geste qui me surprit moi-même. J'étais à la fois enthousiaste de cette proposition et inquiet. Je pensais inconsciemment à ce que m'avait dit Papaïx : « s'il cherche encore il deviendra fou… s'il trouve quelque chose par malchance, il sera mort ». Pourtant je me devais d'aider mon oncle. Qui plus est, j'avoue que le secret que je pressentais dans sa vie, sans rapport ni au culte ni à la religion, m'intriguait fort et que véritablement il me tardait de connaître ce que ses études recherchaient sans cesse, tant dans sa salle de travail que sur des terrains qui me semblaient bien mystérieux. »

Le lecteur s'enfonce dans les méandres du mystère. Il n'en sortira pas, un mystère résolu introduisant à quelques autres. Les ombres de Rhedae n'ont pas fini de passionner et d'inquiéter.

Les Editions L'œil du Sphinx, 36-42 rue de la Villette, 75019 Paris, France.

www.oeildusphinx.com

Quatrième de couverture

Contrairement à l'abbé Saunière, dont la vie est très documentée, ne serait ce que par ses propres écrits, l'abbé Boudet reste pour l'essentiel un mystère. Son ouvrage majeur, *La Vraie Langue Celtique ou le Cromleck de Rennes-les-Bains*, a laissé plus d'un lecteur perplexe. Mais que voulait-il nous transmettre ? Claude Boudet, dont la filiation avec l'abbé est du reste incertaine, a cherché à y répondre sous la forme d'un roman. Un roman intimiste, qui nous fait plonger dans le quotidien du prêtre, par les yeux de l'un de ses neveux qu'il héberge au presbytère. Et ce témoin privilégié ira de surprise en surprise jusqu'à pénétrer, en compagnie de son oncle, au cœur du mystère du Cromleck.

Mais s'agit-il seulement d'une fiction ?

CHAPITRE **IV**

HENRI BOUDET, PINCE-SANS RIRE DE L'ÉGLISE OU LINGUISTE ÉMÉRITE ?

Jean-Claude Rossignol ©

Henri Boudet est né à Quillan (Aude), le 16 novembre 1837, sous le signe du scorpion précise Gérard de Sède, signe qui porte vers le mystère, nous dit-il. Il est ordonné prêtre le jour de Noël 1861, à vingt-quatre ans ; c'est le 16 octobre 1872, qu'il se voit confier la cure de Rennes-les-Bains. Son sacerdoce est sans histoire et ce linguiste patenté — il connaît le latin, l'anglais et la langue d'oc — est un fervent d'histoire locale et ancienne et un archéologue amateur.

A ce titre, nous savons par le Dr. Courrent, mèdecin de la station, que l'abbé offrit à la Commission archéologique de Narbonne, un vase de terre sigillé, orné, du 1ᵉʳ. ou du IIᵉ siècle, diverses poteries noires plus tardives, découvertes dans la station, une gourde avec croix chrétienne découverte à Rennes-les-Bains. Vers 1900, l'abbé découvrit dans des fouilles une belle statue de Vénus en marbre, et la trouvant démoniaque, il ne souhaita pas la conserver ; une autre statue de Vénus, nue, découverte dans les fouilles de la maison Chaluleau à Rennes resta enfouie sur ordre de l'abbé. En 1898, dans une communication transmise ultérieurement à la Société d'Etudes Scientifiques de l'Aude, trois géologues, dont M. de Grossouvre, ingénieur des mines, décrivent leur découverte d'une sculpture dans la montagne, « il s'agit d'une tête féminine sculptée en haut relief dans un bloc de grès rougeâtre assez grossier… le nez seul est cassé à la base ». Le lieu de la trouvaille reste le rocher dit « Cap de l'Homme », sur la limite et au bord du Pla de la Côte, sur le plateau entre les deux Rennes. L'Abbé Boudet dans son livre de 1886, en parle en ces termes : « Un menhir était conservé à cet endroit et l'on avait dans le haut, sculpté en relief une magnifique tête du seigneur Jésus, le sauveur de l'humanité. Cette statue, qui a vu près de 18 siècles, a fait donner à cette partie du plateau le nom de Cap(tête) de l'Homme : l'homme par excellence, « *filius hominis* ». Pour les auteurs de l'article, cette statue représente une divinité des sources indigène. Cette sculpture sera scellée dans le mur du presbytère, sur ordre de l'abbé ; la mention indiquée sous la tête sculptée indique « sculpture détachée d'un menhir… ».

Cet homme discret et pondéré, partage sa vie entre sa mère et sa sœur, cultivant son jardin potager entre deux messes, apprécié qu'il est par tous. Il publie à Carcassonne, en 1886, chez l'éditeur François Pomiès, un ouvrage insolite, *La Vraie Langue Celtique et le Cromlech de Rennes-les-Bains*. L'abbé y traite d'un langage commun aux dialectes des différents peuples occupant le territoire des Gaules du temps de l'occupation romaine, « langue vivante » (encore parlée aujourd'hui prétend-il, ce qui est vrai de son temps), parlée par une tribu qui occupa le Languedoc, les Tectosages, établis sur la rive droite du Rhin, autour de la forêt Hercynie, au nord de cette forêt depuis le Rhin jusqu'à l'Oder et même au-delà, sur les rives du Danube. D'après Hérodote, nous dit l'abbé, en l'an 631 avant J.-C., les peuples scythiques poussent devant eux les « Kimris » — branche de la famille gauloise selon l'historien Ammien Thierry [5] — qui remontèrent le Danube et envahirent la Gaule par le Rhin. La Gaule apparaît donc partagée entre les Gaëls, les Kimris, et enfin les Belges. Deux tribus belges, les Volkes Tectosages et les Volkes Arécomiques traversèrent les Gaules et s'arrêtèrent dans le Midi, les Volkes Tectosages sur les bords de la Garonne, et les Volkes Arécomiques à l'Est des Cévennes, avec pour centre Nîmes. H. Boudet qui emprunte à Jules César, in « De bello gallico », affirme que dans leur propre langue, ils s'appelaient « Celtae », (keltoi), et dans la langue latine « Galli », ces deux appellations étant synonymes, mais ne coïncidant pas. Pour le géographe Grec Strabon, contemporain du Christ, ce sont les premiers colons grecs du midi, à Massalia, qui s'emparèrent du nom de la tribu locale, les « keltoi » pour l'appliquer à tout l'arrière-pays barbare (étranger). L'histoire sous-entend que les habitants ne se désignaient pas eux-mêmes comme Celtes, il s'agissait d'un « ethnonyme ». Les Celtes au départ, sont une appellation géographique assez vague, concernant les habitants de l'Europe du Nord et de l'Ouest. Son champ se restreint ensuite à la province romaine de la Gaule, permettant de distinguer les « Galli ou Keltoi » des habitants de l'Ibérie, des îles britanniques et de l'Irlande.*

---

[5] Le plus souvent, l'abbé emprunte à des historiens du XVIIIᵉ siècle, dont le savoir est ancien, c'est le cas d'Ammien Thierry.

28 – Carte Gaule Celtique (KD)

« Cette langue Celtique, nous aide à découvrir le magnifique monument celtique existant à Rennes-les Bains », dont il nous dit : « Les montagnes de cette étrange contrée couronnées de roches, forment un immense cromlech de seize ou dix-huit kilomètres (chiffres en qui on peut voir la racine secrète du nombre d'or) de pourtour ». Or, ledit cromlech n'existe pas à Rennes-les-Bains, en tant qu'enceinte druidique. De quel monument celtique parle-t-il ? Il n'existe en fait dans la région, qu'un menhir, situé au « Pla de las Burgos » (lieu-dit les genêts) entre les deux Rennes, surmonté d'une tête sculptée en sa partie terminale, qui fut acheminée jusqu'au presbytère de l'église et sur laquelle l'abbé put méditer.

En effet, Henri Boudet s'est composé mentalement, au cours de ses promenades, un cromleck idéal avec le hameau du Cercle pour centre, au cours de ses promenades, vaste cercle géographique d'éminences rocheuses chaotiques de failles et d'avens, comportant maints volumes de pierre singulières, roches branlantes ou « Roulers », « debout » ou « renversées, se dressant sur les coteaux et qui rassemblées pourraient correspondre à un hypothétique Cromlech, ne relevant donc d'aucune volonté humaine d'édification dans un but religieux ou païen. Sauf la sienne. Il cite Strabon qui rapporte que le peuple gaulois possédait un « dru-nemeton », (enceinte sacrée plantée d'un bois de chênes) » ou cromleck central, où se réunissait une société savante connue sous le nom de « Neimheid » en pays Carnute, dans l'Orléanais. Il est reconnu aujourd'hui que les Celtes du Nord et du centre s'y réunissaient une fois l'an, y déléguant leurs druides, juges et prêtres ; les populations du sud des Gaules n'y étant pas conviées, ne parlant pas la même langue. « Le souci de se réunir a pu, dit-il, donner l'idée de construire un second « dru-nemeton »au pied des Pyrénées, qui serait devenu « Redones », du nom d'un peuple d'Armorique, ou « pierres savantes ». Ce second cromlech au pied des Pyrénées, lui aussi, hypothétique, se situant chez un peuple, les Aquitains ne parlant pas la même langue, et les Basques, peuple non indo-européen, encore moins…Il n'y a pas non plus d'inscriptions gravées qui entraîneraient à des déductions d'ordre étymologique.

Emporté par son élan, Henri Boudet conclut que le cromlech de Rennes-les-Bains (qui n'existe pas) se trouve intimement lié à la « résurrection » (le mot est ici très fort) aussi corrige-t-il, au réveil de la langue celtique. Un tel réveil n'a pas eu lieu (si on tient pour plus modeste l'apprentissage de la langue bretonne comme langue facultative dans les lycées et collèges du pays breton dans les années 1968). En échange, il écrit, fort justement, que l'histoire des gaulois est gravée sur le sol même qu'ils occupaient : « Ils ont donné aux tribus (patronymes), aux terrains (toponymes), aux montagnes, aux fleuves (oronymes), de la Gaule des noms que le temps lui-même n'a pu effacer ». « La décomposition de ces toponymes, noms de personnes ou de tribus, des mots dont la signification jette à notre légitime curiosité un défi incessant ».

Après quelques digressions et affirmations un peu hasardeuses voire discutables, l'abbé envisage de « mettre par écrit » quelques remarques sur la station thermale de Rennes-les-Bains où « Dieu nous avait appelé à exercer le ministère paroissial », un long sacerdoce de 42 ans, du 16/10/1872 au 30/04/1914. « Au total, c'est 52 années de ministère sacré au service du Bien et des âmes » écrivent J.L. Chaumeil et J. Rivière dans leur ouvrage *L'Alphabet solaire*, sur un site d'une grande richesse archéologique toutefois (découverte d'un ossuaire néolithique, à Rennes-les-Bains et d'une nécropole carolingienne à Arques). Mais l'abbé, volontairement ou non, est habile à semer le trouble par le réemploi des mêmes mots dans un sens différent, et contradictoirement. « Chez les Celtes, écrit-il un peu plus loin, rien de pareil : de toutes parts, une nuit profonde ». Il fait allusion à l'absence de documents écrits, sauf chez les druides qui ont le droit d'archives, mais peu favorables à l'écriture, à l'absence de constructions en pierre (habitat et monuments), à la rareté de documents historiques donc légués par ce peuple.

« Le premier rayon du flambeau que nous cherchions s'est enfin montré à nos yeux, il est tombé sous le nom de Tectosages et ce rayon nous a ébloui. Nous avons tenté de faire réfléchir sa lumière par les miroirs des langues hébraïque, punique, basque et celtique ». Suit un bref exposé de plan d'occupation du sol des Gaules depuis plus de deux mille ans. Galates, Gaëls, Ligures, Ibères, Aquitains, Cimbres, défilent sous nos yeux, suivis de deux tribus belges, les Volkes Tectosages et les Volkes Arécomiques avec leur cheminement. Belges au Nord et Celtes, dans le centre du pays, se partagent les Gaules à l'heure de la conquête romaine. Et les Aquitains au sud, se rapprochant physiquement des Ibères, nous dit Strabon. Les deux premiers ont en commun, bien que séparés par des dialectes différents, une langue commune, la même langue celtique. Les Volkes Tectosages élirent domicile dans le Midi gaulois avec Toulouse comme capitale. C'est dans les patronymes, les toponymes, les oronymes que s'est écrite leur véritable histoire. Une forte émigration des mêmes tribus, vers 261 avant J.-C., a remonté vers le Rhin et autour de la forêt Hercynie, jusqu'à l'Oder. Leurs possessions sur la rive gauche du Danube n'avaient d'égales que les pays conquis sur les Germains sur la rive droite du Rhin. « Après César, l'histoire ne parle plus des Volkes Tectosages ». Pour notre intrépide abbé, le résultat de ses réflexions lui a paru sérieux, avant même d'utiliser le langage des Tectosages pour la signification des monuments mégalithiques de Rennes-les-Bains, objet de ses recherches, afin de l'appliquer à l'interprétation des noms propres (patronymes, toponymes, oronymes), pris comme il nous en a averti, dans ces diverses langues.

Par extraordinaire, ce peuple si mobile, si intrépide, que les historiens qualifièrent de « pillards », va réapparaître sous le nom de Saxons (peuple germanique comme les anglais), dont l'étymologie est, « to sack », piller, et « son », fils, descendant, en dignes fils des Volkes Tectosages ! Et l'honorable prêtre de nos en confier l'origine, « Volkes » (phonét. Volkae) dérive des verbes, « to vault » (phonét. Vâult), voltiger, faire des sauts, et « to cow » (Kaou) intimider ; Tectosage est produit par deux autres verbes, « to take to », (téke to), se plaire à, et « to sack » piller, saccager. Nous voyons en eux de rapides et effrayants pillards, conclut Henri Boudet.

L'étymologie est ici soumise à la phonétique imposée par l'auteur, approchante, qui fait coller un vocable homophone prétendu Tectosage(en fait, l'anglais moderne, non nommé), au nom propre choisi. Ce terme est décomposé au préalable, syllabiquement, à la lumière de monosyllabes homophones (verbes ou noms) pris au Tectosage/anglais. Chaque syllabe est expliquée phonétiquement par un monosyllabe qui lui correspond — à peu près — à l'oreille. C'est un jeu de mots, un calembour phonétique, qui joue sur l'homophonie (identité sonore). « La Vraie Langue Celtique » choisie, on l'aura compris, est en fait, l'anglais courant contemporain, baptisée « Tectosage », pour corser le menu ! Henri Boudet nous annonce ici, que la langue primitive de l'humanité est l'anglais, dont dérivent tous les autres idiomes, de la langue punique à la langue kabyle, de l'occitan (langue d'oc) à la langue hébraïque, de l'hébreu au maori. Les exemples étymologiques fournis en abondance à l'appui de cette thèse ne manquent pas de sel, car ce sont des calembours ou jeux de mots dont le verbe anglais « to pun » signifie faire des jeux de mots (« punning », art de faire des calembours). Nous sommes invités à décrypter l'ouvrage de référence, écrit Gérard de Sède dans son *livre L'or de Rennes* (1967), et transformer le non-sens apparent (et « nonsense » en anglais, signifie : absurdité, déraison ; « a piece of nonsense » : une bêtise, une absurdité !) de son contenu. Pour ce qui est de la langue punique — mais est-ce bien — se demande sérieusement notre auteur, à la langue punique des Carthaginois qu'il faut attribuer le nom de punique ? L'abbé s'assure qu'elle est faite de jeux de mots et par conséquent, qu'elle est la seule langue punique, d'ailleurs le verbe « to pun » (phon. peun), ne signifie-t-il pas, faire des jeux de mots ? Il n'y a plus là de calembour, puisque c'est en effet, le sens du verbe anglais !

Après la conquête de la Numidie par les Romains, la langue punique ne cessa point d'être parlée dans son intégralité. D'ailleurs les Numides (nom donné aux habitants de Carthage) devaient leur nom (décomposé en deux syllabes) à ce qu'ils faisaient paître leurs troupeaux dans les « new mead », cad. en anglais/soit-disant Tectosage, traduit phonétiquement par un calembour : les nouvelles prairies, « Nu-mides »/ « Niou mieds » ! Ce qui le prouve, nous assène l'abbé, c'est le nom punique donné vers la fin du IV° siècle après J.-C., au plus grand génie que l'Afrique ait produit, Saint-Augustin, qui mériterait certainement le nom d'Aigle des Assemblées, qu'on lui avait donné : « to hawk »(hâuk), faucon et « hustings » (heusstings), salle d'assemblée. C'est un nouveau calembour, de taille, que nous propose l'auteur, signe de la Vraie Langue punique universelle et immortelle. « On remarque, nous fait du coin de l'œil Boudet, avec quelle félicité, elle savait », par le biais de l'homophonie, « créer des noms propres d'hommes ». Il en était devenu un vrai spécialiste ; la langue punique dont il traite, n'a rien toutefois de celle des Carthaginois. Elle n'a rien à voir avec les guerres Puniques qui opposèrent les Carthaginois aux Romains. Malgré l'homophonie parfaite…

Henri Boudet en use pour les Ibères et l'Armorique, comme il le fait du Saxon et des Volkes Tectosages. « Dans l'idiome des Tectosages, Armorique se décompose ainsi : « arm », bras, « oar », aviron, rame, et « to eke », allonger, perfectionner, cad. un bras qui se sert de rames trop longues ». Pour les Ibères, en s'établissant dans le sud-ouest de l'Europe, ils ont choisi les Pyrénées en souvenir de leur séjour dans les montagnes du Caucase (!). Le nom porté par ce peuple en confirme les origines ; ils étaient des chasseurs d'ours et la chair des ours était leur nourriture habituelle : « to eat » manger, « bear »(bér), ours. En vérité, bien que d'origine controversée, les Ibères viendraient de la région de l'Ebre (jadis appelée Iberus) ou d'Afrique du Nord, ou ils seraient des colons grecs établis sur les côtes méditerranéennes de l'Espagne.
Il en est de même de tous les mots occitans (de langue d'oc), les toponymes même les plus simples, sont tirés, traduits de l'anglais/Tectosage, par exemple le Cardou, une montagne proche de Rennes-les-Bains, tiendrait son nom de deux mots anglais, « cart », charrette ou voyager dans un chariot, et « how », comment, parce que les Celtes se demandaient comment ils pourraient la franchir dans leur chariot. L'abbé passe tous les mots des langues vernaculaires, ici la langue d'oc de la région, sous les fourches caudines de leur résonance phonétique (le son) en anglais moderne, et il nous donne ce qu'il entend approximativement, au plus près, en anglais. Il connaît très bien l'anglais ; mais c'est un tour de passe-passe des plus habile, et l'humour n'est pas absent de sa démarche. « On peut par ce moyen, écrit-il, en jouant sur l'homophonie former des phrases entières à double sens ». Il emploie ce procédé de façon à la fois systématique et très complexe : en effet, H. Boudet code un mot français par son homophone anglais, puis substitue ensuite à ce dernier le mot faisant calembour avec lui dans une langue quelconque qu'il indique, la traduction en français de ce calembour fournissant le mot en clair recherché.

Gérard de Sède, écrivain et journaliste avisé, nous invite à décrypter le sens apparent du texte de l'honorable abbé, en un texte pourvu de sens, par la confrontation de la langue choisie par leur auteur, comme langue des anciens habitants des Gaules ou Celtes, avec les langues des contrées comme le kabyle, l'hébreu, l'irlandais, le breton, le languedocien ou le Gallois. Cette opération suppose la découverte d'une clé, convention utilisée par l'auteur pour rétablir, sinon la vérité, mais retrouver, le « vrai » sens de la supposée langue celte originelle, de la « Vraie langue Celtique ». Cette clé, il pense nous la donner aux pages 101, 102 de son livre : « Remarquez avec quelle facilité la langue punique (ici la langue anglaise moderne dite des Tectosages), par des jeux de mots, savait créer les noms propres d'hommes. Les noms communs offrent aussi des combinaisons semblables et représentent, en plusieurs monosyllabes associés, des phrases entières avec un sens rigoureux et précis. Nous choisirons quelques unes de ces expressions pour que l'on puisse remarquer avec quel soin admirable les mots, substantifs ou verbes, sont composés ». « Bien entendu, ajoute Gérard de Sède, la langue punique n'a rien de commun avec la vraie, celle que parlaient les Carthaginois. Elle n'est que le produit de son imagination fertile. La clé utilisée par l'abbé est donc une clé phonétique. Le procédé au moyen duquel il a dissimulé un second texte sous le premier, est le produit d'un jeu de mots fondé sur une similitude de sons et une différence de sens ».

Dans *le Midi Libre* du vendredi 27 novembre 1981, André Galaup, un chercheur de la mouvance de Rennes-le-Château, à propos d'Henri Boudet et de *la Vraie Langue Celtique*, nous parle d'une écriture venue d'Angleterre, d'un code basé sur des informations bien antérieures à l'époque de l'abbé… concernant l'écrivain irlandais de renommée internationale de langue anglaise, Jonathan Swift qui vivait au XVIIIe siècle(1667-1745). Il s'agirait plutôt d'une clé basée sur des calembours ou jeux de mots tirés de la langue anglaise, en langage secret. L'écrivain satiriste a publié en 1719, sous le pseudonyme de « Tom pun-sibi », un opuscule *the Ars Punica* sous le titre *the Art of punning*. Les règles de ce langage secret, il ne les a pas inventées ; c'est un langage savant reposant sur des jeux de mots britanniques, sous le titre *The art of punning or the flowers of language in 79 rules*, un Art du calembour ou la fleur de la langue en 79 règles. L'« Ars Punica » de Swift a été brillamment commenté par Jean Richer, professeur à la

Faculté de Nice, dans son ouvrage *Aspects ésotériques sur l'œuvre littéraire*, publiée en 1980, chez Dervy. Ce dernier écrit : « Quiconque a jeté un coup d'œil, même rapide, sur des traités d'alchimie, sait que les règles de « l'Ars Punica » y trouvent leur constante application ». Voilà qui fera plaisir à tous ceux qui pensent que le best-seller posthume du curé audois est en réalité l'œuvre d'un ingénieux hermétiste, qui ne manque pas non plus d'humour ».

Jonathan Swift, pasteur et romancier, pamphlétaire irlandais, doyen de la cathédrale St. Patrick de Dublin n'accéda pas à l'évêché, s'étant mis sa souveraine, la Reine Anne d'Angleterre, à dos. Il défendit les droits du clergé irlandais (*Argument contre l'abolition du Christianisme*, en 1708), collabora de 1711 à 1714, à l'*Examiner* et prépara l'opinion à la paix avec la France. Son conte du tonneau (« A tale of a tub »), satire en prose déplut à la Reine. Il s'attaquait aussi bien aux anglicans qu'aux dissidents ou aux catholiques romains. Il défendit âprement son pays dans *Proposition pour l'usage universel des produits d'Irlande* (1720), enjoignant de « brûler tout ce qui venait d'Angleterre, sauf le charbon ». Ses *Lettres du drapier* (1724), et *les Instructions aux domestiques* (1745), *suivis de la Méditation sur un manche à balai*, et ses *Voyages de Gulliver*, récit de science-fiction avant l'heure ou conte philosophique à la mode au XVIIIe siècle, qu'employèrent avec succès aussi Diderot et surtout Voltaire, contribuèrent à sa célébrité. Adepte supposé, passé maître dans l'art de la dérision, son humour cinglant et redouté, chez qui l'ironie malicieuse le dispute au talent teinté d'un humour noir si particulier aux anglo-saxons, consistant à inverser les rôles, manier l'absurde sans prévenir tout en défiant la logique du monde.
Comme tous les créateurs, et quelle que soit la discipline envisagée, Henri Boudet a emprunté. Il a emprunté à Jonathan Swift. On le voit, homme posé, observateur, à qui les anciens paroissiens prêtaient un regard intimidant et un esprit fort en connaissances ataviques, féru en langue anglaise, en latin et en linguistique, même si ses connaissances étaient parfois contradictoires et insuffisamment approfondies aux yeux des vrais spécialistes, l'abbé a échafaudé, dans le silence de ses promenades d'observation comme au fil de ses nombreuses lectures, un système de pensée linguistique et phonétique sophistiqué, paradoxal et ambitieux. Il s'est manifestement inspiré de son prédécesseur en ironie camouflée et en humour aux confins de l'absurde, donc, qu'il avait sans

doute lu et relu, Jonathan Swift, et peut-être en anglais. Ce modèle découvert au cours de ses studieuses études, le confirma-t-il dans ses pensées, ou lui donna-t-il l'idée de son roman à double fond ? On ne sait. Car, il s'agit, à mon humble avis, parlant de son récit sur *La Vraie Langue Celtique* d'une œuvre à prendre plus au sérieux qu'elle ne l'a été jusque là. Son auteur a mis au point un développement bien écrit et culotté qui, sous les apparences d'une réalité historique frappée du sceau de l'authenticité, évoquant le peuple gaulois et sa langue parlée dite aussi « celtique » — keltoi — même si l'abbé y substitue pour les besoins de sa fiction l'emploi de la langue anglaise moderne, car c'est un ouvrage de fiction aussi !!! et il dresse un tableau historique, géographique et linguistique qui, sous des rudiments d'évènements vrais, (et même s'ils sont parfois approximatifs et controuvés !), qui sera la clé et le point fort de son récit. Par son raisonnement, au second degré, quant au recours au subterfuge fictionnel de l'anglais contemporain pris comme langue mère des Tectosages, et au calembour phonétique quant au sens de ses monosyllabes, il annonce (et il suit…) par cet humour asséné le plus sérieusement du monde, son modèle en littérature, Jonathan Swift.

Henri Boudet n'est pas le premier écrivain dans le siècle — ou personnalité — à se montrer original, dans ses théories compliquées et ses conceptions utopistes à partir de théories linguistiques. Notre pays a connu, même avant, des prédécesseurs signalés dans *L'Alphabet solaire*, tel Charles de Brosses, premier président du Parlement de Dijon (1709-1778), qui avança la théorie originale d'une sorte d'alphabet organique (qu'il nomma « logotomie » et « graphonie ») qui, avec un petit nombre de signes très simples, permettait des combinaisons innombrables et de simplifier l'étude de la lecture et des transcriptions toujours imparfaites, des langues sémitiques, chinoises, et même du sanscrit. Ce système reconnu comme novateur, mais trop scientifique, n'eut pas de postérité. Plus réputé, le comte de Volnay (1757-1820), homme politique, érudit et philosophe, qui parcourut le Liban, l'Egypte et la Syrie, refusant la nomination de ministre de l'Intérieur par Bonaparte, pour continuer ses études d'histoire et de linguistique, atteindra à une gloire éphémère avec son *Alphabet Européen*, appliqué aux langues asiatiques (1819) et *L'Hébreu simplifié* (1820), date à laquelle il fit son discours sur « L'étude philosophique des langues » à l'Académie française. C'est au siècle suivant, qu'on retrouve surtout de tels travaux originaux au service d'esprits forts, marqué du sceau de l'unique. Etonnants et détonants.

Je pense à Raymond Roussel, auteur des *Impressions d'Afrique* et *Nouvelles impressions d'Afrique*, dont le fil d'Ariane de ses romans est si peu aisé à saisir, qu'il dut écrire un opuscule *Comment j'ai écrit certains de mes livres* paru après sa mort en 1935. Né dans une famille de la riche bourgeoisie en 1877, il étudia la musique au Conservatoire et obtint un 1er accessit de piano à 13 ans ! A 17 ans, se sentant appelé par la poésie, il entreprit une grande œuvre en alexandrins, évocation du Carnaval de Nice (ces faits insignes sont dans le Robert !). L'écriture le mit dans un état d'exaltation délirante et l'insuccès absolu d'une œuvre qu'il croyait destinée à éblouir les foules l'accabla. Son état mental, de maniaque tourna à la dépression. Il se remit au travail, en quête de « cette sensation de soleil moral », qu'il avait éprouvée. Son cas fut étudié par Paul Janet, Foucaut et le Nouveau Roman. Il composa des pièces en alexandrins avant d'entreprendre *les Impressions d'Afrique* (1910), description imaginaire fruit d'un minutieux effort. Il voyagea aussi autour du monde de façon insolite, en limousine aux rideaux baissés, d'où il ne descendait pas. Il cessa d'écrire en 1932, se révélant vite un maître du jeu d'échecs. L'œuvre de Raymond Roussel fut revendiquée par les surréalistes, « Roussel est avec Lautréamont, le plus grand magnétiseur des temps modernes », écrivit André Breton. Il figure dans son *Anthologie de l'humour noir* avec Jean-Pierre Brisset, autre original des lettres, dont l'œuvre n'est pas sans parenté avec celle d'Henri Boudet, qui est son (quasi) exact contemporain (1837-1919) ! Il composa un ouvrage dans lequel il jonglait avec les mots décortiqués en monosyllabes, *La Grande Nouvelle* par le jeu de l'homonymie, tout comme l'abbé Boudet.

Je suis persuadé de l'authenticité du personnage, homme d'église grave, érudit sur le fond, très sérieux dans son raisonnement (comme dans ses propos dans la vie courante), créateur conscient de ses limites, il osa provoquer le destin en la personne de ses lecteurs, voulant s'affirmer en s'opposant. Ayant quelque chose à dire, comme tout créateur, il le dit par l'absurde, choisissant la raillerie et la parodie, pour partie, et sérieux dans la structuration finale de son ouvrage, pour faire place à un fond plus subtil, le rire tu, retenu, étant un exutoire, suivant en cela son modèle irlandais de haut lignage, Swift.

Comment suivre, au-delà de l'amusement, et sauf à lui prêter le droit à la fiction, ce à quoi nous souscrivons d'emblée, leur trop subtil auteur, qui suppose que la langue des Tectosages ou Anglo-saxons modernes, est la source des patronymes Hébreux (de la Bible), Numides, Carthaginois, Kabyles, Basques, Ibères, Carnutes, etc. ? Et que le supposé Cromlech de Rennes-les-Bains, s'il englobe bien la station thermale, coquette dans son couloir rocheux sur les bords de la Sals, connue des nombreux thermaliers qui y ont trouvé guérison ou du moins un soulagement sensible, et ses sources minérales, chaudes ou froides, antérieures à l'époque des druides, le Bain Fort et le Bain Doux ou le Bain de la Reine (contrepèterie de Rennes-les-Bains), on ne peut lire qu'en souriant cette glose poétique qui nous raconte par le biais de l'humour (le « nonsense » à l'anglaise), une autre étymologie — punique (unique ?) du « Crom/lech idéal » de Rennes-les-Bains, qui est de forme ronde et qui représente le pain : de « krum », mie de pain et de « to like », aimer, goûter, figurant des pains de fortes pierres rondes (des « roulers » ?), au sommet de roches énormes [6] !

Comment ne pas voir en Henri Boudet, un autre Douanier Rousseau, qui en mal de reconnaissance, adresse naturellement son ouvrage aux trop sérieux membres de l'Académie des Sciences et Belles Lettres de Toulouse (siège des Tectosages !), essayiste naïf ou adepte de l'humour noir comme son maître et modèle Jonathan Swift, qui ne s'écrie (!) [7] qu'à haute température, en cette fin de 19e et début de 20e siècle, années qui ont connu beaucoup d'utopistes, qu'André Breton ou Raymond Queneau ont consigné dans leurs *Anthologie de l'humour noir*, pour le premier, *Les fous littéraires* pour le second, l'oubliant dans son humble paroisse audoise alors que son alter ego, Jean-Pierre Brisset, dont la gémellité va jusqu'aux dates de la biographie, a trouvé grâce aux yeux de la postérité.

---

[6] Peut-être pensait-il, au « Pain de Sucre du Corcovado », surmonté d'un Christ miséricordieux, qui s'élève à plus de 700m. au-dessus de la Baie de Rio

[7] qui ne s'écrit…

CHAPITRE V

LES ANCÊTRES DE BOUDET
À LA RECHERCHE DE LA LANGUE ORIGINELLE ET SACRÉE

Geneviève Beduneau ©

Quelle langue parlait-on au Paradis ? Dans les premières pages de sa VLC, Boudet envisage modestement d'éclairer la préhistoire celtique de son village, cette période manquant cruellement de documents écrits. Toutefois, dès le premier chapitre, il relie les peuples gaéliques à Gomer, fils de Japhet — donc petit-fils de Noé selon Genèse 10, 2-5 : « Les fils de Japhet furent : Gomer, Magog, Madaï, Javan, Tubal, Méschec et Tiras. Les fils de Gomer : Aschkenaz, Riphat et Togarma. Les fils de Javan : Élischa, Tarsis, Kittim et Dodanim. C'est par eux qu'ont été peuplées les îles des nations selon leurs terres, selon la langue de chacun, selon leurs familles, selon leurs nations. » Ce rattachement, on le voit, est assez spécieux mais inscrit Boudet dans une longue lignée de pêcheurs de lune puisque l'épisode de la tour de Babel, avec la séparation des langues, n'intervient qu'au chapitre suivant de la Genèse, dans lequel on revient sur la postérité de Sem qui aboutit à Abraham en 9 générations. Derrière les Gals fils de Gomer se profile ainsi la langue mère de l'humanité, celle qui se parlait dès avant le déluge, celle dont la tige, peut-être, issait du Paradis.

Dans cette quête, Boudet a de nombreux ancêtres et, aussi étrange que cela paraisse, quelques émules encore de nos jours. Mais qui dit langue originelle, née dans l'âge d'or ou dans l'Eden, dit aussi langue parfaite, apte à rendre compte du réel sans erreur ni ambiguïté. Nous rencontrerons deux courants dans cette quête, celui qui remonte le temps et le redescend, revient aux origines et en retrouve la trace jusqu'à l'exaltation d'une langue du présent, ce que fait Boudet avec l'anglais, et celui qui élabore ou reçoit une langue inconnue, le plus souvent par révélation angélique. Ainsi, vers le milieu du XIIe siècle, la grande visionnaire que fut Hildegarde de Bingen reçoit-elle ce qu'elle décrit comme *lingua ignota*, langue inconnue, avec son alphabet. Dans l'une de ses lettres au pape Anastase, Hildegarde affirme que cette langue lui vient d'abord aux lèvres comme un chant grâce à la qualité musicale de ses lettres.

On retrouve des mots de cette langue inconnue dans un hymne composé pour la dédicace d'une église :
O orzchis Ecclesia,
armis divinis praecincta,
et hyazintho ornata,
tu es caldemia
stigmatum loifolum
et urbs scientiarium.
O, o, tu es etiam crizanta
in alto sono et es chorzta gemma.

A – Hildegarde de Bingen

Hildegarde introduit ainsi nombre de mots nouveaux qui seront usités dans son monastère de Bingen pour la vie quotidienne : 150 d'entre eux se rapportent au corps humain et se retrouvent dans ses ouvrages de médecine ; près d'un quart décrivent des éléments de la nature et l'on y retrouve aussi la cosmologie, les relations entre macrocosme et microcosme, les sphères célestes et notre monde. Hildegarde elle-même en parle comme de la langue d'Adam, grâce à laquelle il dialoguait avec Dieu au Paradis, la langue d'avant la chute et l'altération de la nature humaine.

Au siècle suivant, on se penche sur l'expérience que rapporte Hérodote[8] : un enfant élevé sans entendre d'adultes parler autour de lui, afin de découvrir la langue originelle. L'expérience du nourrisson éduqué en complet isolement linguistique fut aussi attribuée à Frédéric II Hohenstaufen dans la *Chronique de Salimbene* [9], très hostile à l'empereur et la discussion a fait rage dans l'Italie du XIIIᵉ siècle. La plupart des rabbins affirmaient que l'enfant avait dû parler hébreu, s'appuyant sur les affirmations de Juda Halévy au siècle précédent, lequel avait tenté de démontrer la supériorité de l'hébreu sur l'arabe dans ses disputes avec les musulmans qui tenaient évidemment pour la supériorité de la langue du Coran.

---

[8] Histoire II, 2

[9] *Cronica Fratris Salimbene, Monumenta Germanicae Historiae,*
t. XXXII, p. 350.

B – Abulafia

Seul le kabbaliste Abraham Abulafia, outre qu'il met en doute l'expérience elle-même, rejette l'idée d'un langage spontané. Une langue, pour lui, ne s'apprend que si on la reçoit de la génération précédente. « Ainsi donc, commente Moshé Idel, bien que la faculté de parler soit innée chez le nourrisson, elle ne saurait être actualisée s'il n'y a pas au moins un modèle susceptible de parler [10]. » Pourtant, dès le *Sefer Get ha-Shemot*, qui est la première œuvre d'Abulafia, on lit : « Car toutes les langues sont comprises dans la langue qui leur est sous-jacente à toutes et c'est l'hébreu exprimé par 22 lettres et cinq manières de prononcer... car il n'y a pas de parole ni d'écrit hormis elles, car elles sont saintes et c'est la *leshon qodesh* [langue de sainteté] (…) Et de la même façon, si vous récitez chacune des soixante-dix langues, leurs lettres ne sont autres que celles d'hébreu et tout cela est une seule et même chose ; si ce n'est que cette langue est disponible pour celui qui la connaît et ne l'est pas pour celui qui ne la connaît pas. Et prête attention à cette chose sublime car elle contient un très grand secret connu d'après le verset : « Toute la terre était une seule langue et une seule parole. » Et il est connu d'après le verset qui concerne l'ère messianique : « Car alors je déverserai pour les peuples une langue pure. » Et il est connu de tous que les soixante-dix langues sont contenues dans la langue de sainteté. » Toutefois la langue de sainteté n'est pas l'hébreu classique mais l'hébreu des kabbalistes, ramené à ses éléments constitutifs, lettres, permutations, nombres et séphiroth.

Les XVIᵉ et XVIIᵉ siècles furent l'âge d'or de ces recherches de l'origine, alimentées par les querelles théologiques depuis la rupture de Luther avec Rome. Si de nombreux auteurs, malgré Abulafia, continuent de penser que l'hébreu fut la langue paradisiaque, c'est par exemple le

---

[10] Moshé Idel, « *A la recherche de la langue originelle : le témoignage du nourrisson* », Revue de l'histoire des religions, tome 213 n°4, 1996. pp. 415-442.

cas de Guillaume Postel, d'autres hypothèses se font jour. La plupart vont revendiquer pour leur propre idiome cette pureté qui traverse la division de Babel. Ainsi pour Giovanni Battista Gelli (1498-1563), le toscan serait directement issu de l'araméen, considéré comme le langage de Noé et, par extension, celui d'Adam. Ce fils du marchand Carlo di Bartolomeo né à Florence et installé comme cordonnier se taille une réputation comme philosophe, fréquente l'Académie platonicienne aux côtés de Antonio Francini et de Francesco Verini. Il est nommé maître es Arts mineurs en 1524, puis en 1539 membre du Collège des Douze Prudhommes (*Collegio dei Dodici Buonomini*), organe consultatif du gouvernement de Côme Ier Médicis. Membre en 1540 de l'*Accademia des Umidi*, il désapprouve sa transformation en Académie Florentine l'année suivante. Pourtant, c'est dans ce cadre qu'il donne sa leçon inaugurale le 15 août 1541, un commentaire du chant XXVI du *Paradis* de Dante, c'est à dire le passage où le poète rencontre Adam qui lui confie que la langue parlée en Eden était déjà oubliée lors de l'épisode de Babel. Il continue par un cours sur Dante et Pétrarque jusqu'en fin 1551. S'il est surtout connu pour ses œuvres dialoguées comme La Circé, il n'en est pas moins l'auteur d'une Origine de Florence dans laquelle il défend la supériorité de la langue toscane tout comme il affirme la supériorité de Dante sur tout autre poète.

Photo C – Gelli

Son contemporain flamand Jan Gerartsen van Gorp, dit Johannes Goropius Becanus (1519-1572), est peut-être le premier qui attribue à Gomer d'avoir su garder la langue originelle malgré l'épisode de Babel. Pourquoi ce privilège ? Parce qu'il n'avait pas participé à la construction de la tour. Sur la carte de Gunther Ziner dessinée en 1472 et qui symbolise le partage de la

Terre entre les fils de Noé, on voit que l'Europe est donnée à Japhet et l'on suppose alors qu'il est déjà parti avec ses fils lorsque ses neveux se lancent dans l'aventure de la tour. Et comme Flavius Josèphe dans ses *Antiquités Judaïques* I, 6, déclare que « les peuples aujourd'hui appelés Galates, et autrefois Gomariens, avaient Gomar pour auteur », Van Gorp s'attache à démontrer que ses descendants sont en fait les Cimbres ou Teutons et que le dialecte anversois en représente la version la plus pure. En corollaire, toutes les langues dérivent de ce dialecte qu'il nomme brabantique. Esprit encyclopédique comme tous les érudits de la renaissance, catholique ayant étudié à Louvain et beaucoup voyagé en Italie, France, Espagne, un temps médecin des sœurs de Charles Quint, van Gorp s'est également intéressé aux fossiles marins présents dans les Alpes, en Belgique, dans l'Artois, le Tournaisis et même la région parisienne. Il les explique par une génération spontanée minérale dans les entrailles de la terre.

Il est intéressant de donner quelques exemples de sa méthode. Dès la première partie de ses *Origines Antwerpianae* (Les origines d'Anvers), il discute des noms attribués aux peuples germaniques par Tacite, mais à partir du dialecte local. Pour les Tongres, il traduit ainsi le terme local *Thungeren* : « *Ger* signifie ce qui s'agrège ; *Thun*, traduit en latin : ce qui amène à soi un grand nombre. Ainsi les *Thungeren* sont-ils des hommes qui attirent tout à eux. » Il l'explique en développant *Thun* en *Tot hun* qu'il interprète bizarrement comme « à soi, ou ceux-ci » Ce type de décomposition et de traduction des mots rappellera quelque chose aux lecteurs de Boudet ! Il introduit Gomer

Photo D – Van Gorp

dans sa discussion du nom des Germains qu'il ramène d'après Strabon à l'hébreu *Gerim Ani*, ceux qui sont tombés dans la misère ; mais sans rejeter cette signification, il établit une chaîne qui part de Gomer, dont les fils seraient en latin *Gomerani*, Gomériens en français, altéré au cours du temps en *Germani*, Germains. Je vous passe les étymologies des divers lieux de la région d'Anvers, villages, collines et autres, sans oublier les prénoms courants qu'il traite de la même manière que les *Thungeren*, en décomposant les termes et en traduisant les éléments constitutifs en latin puisqu'il s'agit pour lui de démontrer aux savants l'antériorité du dialecte « brabantique ».

En incise, Van Gorp est aussi sans doute le premier à considérer que le périple maritime d'Ulysse dans l'Odyssée l'entraîne dans l'océan Atlantique, jusqu'en Écosse ou Caledonia. Il fait même état d'une inscription du nom Ulyssis en lettres grecques gravée « à l'extrémité boisée de l'Écosse ».

Revenons à ses considérations linguistiques, toujours amenées par le discours sur l'histoire d'Anvers. Lorsqu'il aborde le mythe de Castor et Pollux à propos des migrations des descendants de Gomer, il s'émerveille : « Castor se compose vocalement de *Ca* qui signifie le mal et de *stor* […] qui signifie ce qui rend irrité et offensé. » Il l'assimile à saint Jean Baptiste. Alors que Pollux, qu'il considère comme une figure du Christ, se décompose en *Pol*, *Phol* ou, mieux, *Vol*, « plein », et *Luc*, « félicité divine ». Toujours dans la mythologie, notons le surnom de Sabazius attribué à Dionysos, qu'il suppose venir de la ville de Sabaia et qu'il retraduit en *sat*, froment, et *baien*, macérer : Dionysos-Bacchus serait donc l'inventeur de… la bière !

Le fleuve nommé Iaxarte par les anciens, aujourd'hui le Syr-Daria, viendrait ainsi du verbe *jagen,* courir, et de *hart*, dur. Le nom latin du chêne, en latin quercus, dérive selon lui du brabant *werd-cou* qui signifie sorti du froid ; le nom hébreu de Noé, Noah, viendrait de *nood* (analogue à l'anglais *need*, avoir besoin de). Même Adam et Eve seraient des noms anversois, de *Hath-Dam*, ou barrage contre la haine et *Eu-Vat,* tonneau d'où vient le peuple, ou *Eet-Vat*, « tonneau de serment ». Quant au Paradis terrestre, il le situe quasiment dans son village. Dans un second livre publié après sa mort, Hieroglyphica, van Gorp tente également de démontrer que l'égyptien antique n'est autre que la langue brabançonne. Ajoutons que son ouvrage fut accueilli avec les mêmes réserves et moqueries de la part des humanistes de son temps que la VLC par les philologues du XIXe siècle. On peut vraiment se demander si Boudet l'avait lu, car, outre la méthode, il lui emprunte l'allusion aux Cimbres ou Kimri, fils de Gomer, comme ancêtres des Volques Tectosages ou Arécomiques. Cela fait beaucoup. Cet érudit marcheur qui parcourt plaines, collines et montagnes en observant pierres et plantes et médite sur les noms des lieux et des dieux ne pouvait que séduire cet autre grand marcheur qu'était le curé de Rennes-les-Bains.

Il sera rejoint dans cette opinion par un de ses contemporains, Adriaan van Schrieck, mieux connu sous son nom latin Schrieckius (1560-1621), auteur d'un monumental ouvrage intitulé *Van t'beghin der eerster voleken van Eu-*

ropen, in-sonderheyt vanden oorspronek ende saecken der Neder-Landren, XXIII Boecken, Met betoon vande dwalinghen der Grieeken ende Latinen op t'selve Beghin ende den ghemeynen Oorspronek. Dans Van t'beghin der eerster voleken van Europen, Schrieckius se veut historien de la civilisation européenne : dans les 23 livres qui composent le volume, il tente de montrer, en se basant sur l'histoire écrite — de Moïse à Charlemagne — que la langue scytho-celtique ou belge a été la première langue après la confusion babélique : Scythes, Étrusques et Celtes sont assimilables aux Belges et Teutons, issus de Japhet. Donc le flamand vient en droite ligne de l'Eden. Ce qui caractérise la langue originelle et la rend parfaite, c'est la conformité des mots aux essences des êtres et des choses. Comme van Gorp, Schrieckius segmente les mots pour retrouver des racines flamandes ou du moins germaniques qui en donnent le sens ultime. Adam, par exemple, viendrait de *haid-am*, qui signifie l'être conjoint, en tant qu'époux d'Eve ; mais on peut aussi le traduire par *aerd-man,* l'homme de la terre. Il segmente Japhet en *af* qui désigne un mouvement vers le bas et *heit*, suffixe de termes abstraits ou génériques, car il est celui dont tous descendent. Gomer, pour sa part, se partage en verbe *kommen*, venir, et suffixe er qui désigne l'agent d'une action. C'est donc l'étranger, celui qui vient d'ailleurs. Notons en incise que c'était en Grèce le surnom de Dionysos. L'Europe serait euver-op, par dessus- sur, donc une terre de migration sur laquelle passe le peuple.

Photo E – Rudbeck

Montons un peu plus au nord pour rencontrer un autre médecin, biologiste, naturaliste, un autre de ces érudits complets, de ces curieux de tout qui ne cessent de s'interroger et de questionner le monde. On doit à Olof ou Olaus Rudbeck la découverte du système lymphatique. Il naît le 13 septembre 1630 à Västerås, donc dans une bourgade de Suède. C'est le fils de Johannes Johannis Rudbeckius (1581-1646), évêque luthérien de Västerås, et de Magdalena Carlsdotter Hising (1602-1649). Il s'oriente vers la médecine et devient rapidement l'un des professeurs les plus renommés de l'université d'Uppsala, au point de faire construire une coupole et un amphithéâtre pour rendre ses cours d'anatomie et ses dissections plus accessibles à ses étudiants. Il enseignait également la physique, les mathématiques, la mécanique, la botanique. Féru d'agriculture, il a dressé les plans d'un canal entre Göteborg, le Vaener et le Maelar ; c'est également lui qui a créé le jardin des plantes d'Upsala.

Entre 1679 et 1702, il publie en quatre volumes Atlantica sive Manheim, ouvrage bilingue latin-suédois dans lequel il démontre que le paradis biblique et l'Atlantide de Platon ne font qu'un et qu'il s'agit de la Suède. Son point de départ n'est autre que Noé qu'il assimile au Deucalion de la légende grecque, au Xisuthrum chaldéen, à leur homologue scythe Ogyges, enfin à un certain Berghielmer du folklore suédois. De là, par nombre de considérations géographiques puis linguistiques, il assimile les Scythes aux Goths. Il passe ainsi de Theut à Dan (pensons aux Danois) qui, au cours du temps, se transforme en Godh. Le roi goth Theudericus évoqué par Procope devient pour lui Didericus chez Johannes Magnus, ce qui aboutit dans le suédois populaire à Dirich et Dirk. Sa méthode qui consiste à suivre l'évolution supposée des mots et comparer tant les termes que les légendes d'un pays à l'autre l'amène sans doute à des conclusions que nous ne partageons plus mais pourrait être le germe de la linguistique moderne. Il se livre aussi à de savants calculs sur les généalogies bibliques pour tenter de dater le déluge et la tour de Babel et pouvoir évaluer la population. Il arrive ainsi à un total de 44'288 descendants de Noé à l'époque de la construction de la fameuse tour, auxquels s'ajoutent les fils des serviteurs, soit 115'710 personnes. Comme de Gorp, il se refuse à placer le Paradis dans les déserts du Proche-Orient, et le situe dans les zones tempérées de l'hémisphère nord, riches en végétaux et en espèces animales, y compris marines.

Il évoque en particulier aux environs d'Uppsala, à 4,3 km de la cathédrale, une série de tertres dans lesquels il voit des tombeaux de géants. Il décrira même un magnifique labyrinthe. Et qui dit géants, à l'époque, se réfère au verset biblique assez énigmatique en Genèse 6,4 : « Les géants étaient sur la terre en ces temps-là, après que les fils de Dieu furent venus vers les filles des hommes, et qu'elles leur eurent donné des enfants : ce sont ces héros qui furent fameux dans l'antiquité. » Toujours dans la Bible, le dernier de ces géants n'est autre que Goliath, champion des Philistins, que David abat d'une pierre lancée de sa fronde. Le texte précise son nom : Goliath ou Gath ; Rudbeck le rapproche des Goths et de l'île de Gotland en mer Baltique. A partir de là, il suggère que les alphabets grec et hébreu dérivent de l'ancienne écriture atlante. Et le suédois serait donc la langue la plus proche de l'atlante, donc de la langue du Paradis.

Photo F – Gothus

Sans toujours le citer, il s'appuie sur les travaux d'un homme de la génération précédente, Laurentius Petri Gothus (1529-1579), disciple de Melanchton, deuxième évêque luthérien d'Uppsala en 1574 après avoir enseigné le grec à son université, auteur en 1559 d'un *Stratagema Gothici exercitus adversus Darium* (stratégies de l'armée des Goths contre Darius), qui reconnaissait dans le suédois le « gotique originel », directement issu de l'hébreu. Il suffisait de remplacer ce dernier par l'atlante.

Cette démonstration a excité la verve d'un de ses contemporains, un autre érudit, Andreas Kempe, né en 1622 à Västergötland, en Suède et mort en 1689 à Hambourg. Dans ce qu'il faut bien appeler un pamphlet ou une parodie, *Die Sprachen des Paradises* (Les langues du Paradis) publié en 1688 à Hambourg, il explique pince-sans-rire que Dieu, évidemment, parlait suédois. Adam n'étant qu'un paysan, en d'autres termes un plouc ou un bouseux, lui répondait en danois. Si cela n'éclaire pas la linguistique, cela en dit long sur les relations de puissance dans les pays scandinaves au XVIIe siècle. Et pour séduire Eve, quelle langue parlait le Serpent ? A votre avis ? Le français, langue des diplomates et des séducteurs.

Franchissons la Baltique pour retourner en Allemagne d'abord où nous rencontrons Athanasius Kircher, né le 2 mai 1601 ou 1602 à Geisa, en Thuringe, près de Fulda. Il est le plus jeune fils de Johannes Kircher, philosophe et théologien, conseiller du prince-abbé de Fulda, Balthasar. Il s'agit encore d'un esprit encyclopédique. Après de solides études dans le collège des jésuites de Fulda, il entre dans l'ordre le 2 octobre 1618. Ceci lui permettra de compléter ses études universitaires après son noviciat : il étudie les sciences à Paderborn, la philosophie à Münster et Cologne, les « curiosités du monde physique » à Heiligenstadt, enfin la théologie à Mayence, le tout sans cesser d'approfondir les langues classiques. En 1628, il est ordonné prêtre. Dix ans d'études depuis son entrée au noviciat, on ne plaisante pas chez les jésuites. D'ailleurs, aussitôt ordonné, le voici professeur d'éthique et de mathématiques à l'université de Würzburg. Il en profite pour apprendre les langues orientales et mener une recherche scientifique sur le magnétisme.

Photo G – Kircher

Quand la guerre qu'on n'appelle pas encore de trente ans se déchaine, il quitte l'Allemagne et vient se réfugier en Avignon en 1631. Là, il construit un observatoire astronomique et se passionne pour les cadrans solaires. En 1635, il est finalement nommé professeur de physique, mathématiques et langues orientales au Collège Romain, à Rome même. Il y restera jusqu'à sa mort le 27 novembre 1680, mais assez vite déchargé d'enseignement pour pouvoir poursuivre sa carrière de chercheur. La liste de ses centres d'intérêt ressemble à l'inventaire de Prévert, moins le raton laveur. Qu'on en juge : mathématiques, astronomie, musique, acoustique, chimie, optique, médecine, volcanologie, archéologie, sans parler des langues orientales, de la kabbale et de diverses questions liées à l'occultisme. Il reprend la question de la tour de Babel et démontre, croquis à l'appui, qu'elle ne pouvait pas monter jusqu'à la Lune ! Mais il en calcule les dimensions, ainsi que celles de l'arche de Noé.

Kircher cherche aussi la langue parfaite d'avant Babel. Pour cela, il s'intéresse à l'égyptien antique et fait recopier des cartouches par centaines, sur lesquels il tente des recoupements, partant de l'hypothèse qu'il s'agit de signes idéographiques. Il rédige plusieurs ouvrages sur la question dont un *Prodromus coptus sive aegyptiacus* en 1636 et une *Lingua aegyptiaca restituta* en 1643. Il sera aussi le premier à étudier la langue chinoise. Il publie en 1667 le *China monumentis* pour lequel il fait créer les outils typographiques nécessaires à l'impression du chinois. Tout ce travail trouve son couronnement dans la rédaction de la *Turris Babelis*, dans lequel il révèle des langues à peu près inconnues alors en occident.

Dans le même esprit, en 1669, l'architecte anglais John Webb publie *An historical essay endeavouring a probability that the language of the Empire of China is the primitive language*. Il y émet l'idée que Noé a débarqué de l'arche en Chine à la fin du déluge et qu'il s'y serait établi. Les Chinois n'auraient pas participé à l'épisode de la tour de Babel et auraient donc échappé à la confusion des langues. En fait, ce qui fascine tant Kircher que Webb, c'est l'aspect monosyllabique du chinois. Déjà Van Gorp, Schrieckius et Rudbeck avaient insisté sur le monosyllabisme et suggéré que c'était le signe de l'archaïsme d'une langue et de sa perfection, le son pur et unique devant par sa simplicité même rendre audible l'essence de ce qui était nommé.

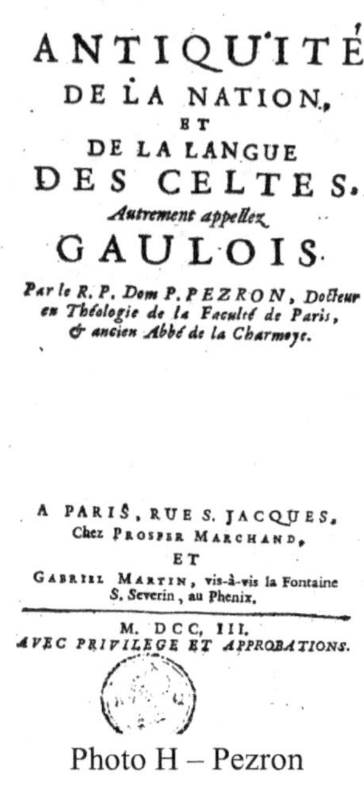

Photo H – Pezron

Quittons ces terres du nord pour revenir chez nous où nous trouvons un cistercien breton, dom Paul Pezron, auteur de plusieurs livres destinés à prouver l'antériorité du gaulois sur toute autre langue. Bien évidemment, ses Gaulois descendent en droite ligne de Gomer. Enfin, droite ligne est beaucoup dire puisqu'on les retrouve d'abord sous le nom de Saces ou de Saques en Bactriane, puis en Grèce sous celui de Titans ou « Enfants de la Terre ». Quoi, les adversaires de Zeus ? Zeus lui-même, sous son nom latin de Jupiter ? L'évhémérisme, vraiment, ne respecte pas même Hésiode ! De là, une branche de leurs descendants devient les Cimbres ou Cimmériens, lesquels engendrent les Celtes, avec encore quelques migrations à la clef. En tant que Titans, ils auraient formé un empire vers 2000 BC, « qui est allé depuis l'Euphrate, jusqu'aux extrémités de l'Espagne et de la Mauritanie ; et qui n'a guère cédé en étendue qu'à celui des Romains ». Et ces Titans, princes faussement divinisés, « n'ont eu d'autre langue que celle des Celtes, qu'on parlait dans les gaules du temps de César : langue que l'on conserve encore de nos jours dans notre Bretagne ». Dom Pezron publie ceci en 1703.

Dom Pezron est docteur en Sorbonne et, lorsqu'il fait paraître cette *Antiquité de la nation et de la langue des Celtes*, autrement appelés Gaulois, ancien abbé de La Charmoye. Le livre s'ouvre sur l'énumération des noms qu'ont porté ce peuple et dont il nous donne le sens : Celte signifie puissant, valeureux ; Cimbre n'est qu'une altération de *Kimber* ou *Kimper*, homme de guerre ; Titan, selon les Grecs, veut dire « né de la Terre ». Auparavant, les Parthes leur donnaient le nom de *Saces* ou *Saques*, *saxas* en grec, soit méchants, larrons, brigands, injure facile à l'égard de ceux qui « les avaient violemment chassés de leur pays et de leur société ». Il nous précise plus loin que « nous voyons encore des restes de cet ancien mot dans celui de sac et de saccager, qui est le même, que commettre un brigandage. » Mais leur « premier et véritable nom » est celui de Gomariens, fils de Gomer. Après quoi, il déroule l'histoire des princes titans, Acmon, Urane, Saturne, Jupiter… Au passage, une digression nous apprend que Lutèce, aujourd'hui Paris, ne venait pas de *lutum*, la boue, comme on le pensait déjà au XVIIe siècle, mais de *leuco-titia*, la terre blanche, « à cause qu'elle a été bâtie du plâtre que l'on trouve encore dans son voisinage ». Il ajoute, revenant à son propos : « Mais remarquez ici que, comme Titée signifie la Terre, en langue Celtique, de même Uran et Uren veut proprement dire *homme du ciel*. Car en ce langage, *ur* est un homme, d'où est formé le *vir* des Latins, et En, encore aujourd'hui signifie le Ciel. »

On reconnaît dans ces significations balancées sans autre justification le souci de l'adéquation du mot aux êtres. La langue parfaite et originelle ne saurait souffrir l'arbitraire. Elle révèle l'essence profonde de ce qu'elle évoque, l'idée au sens platonicien du terme. C'est là toute la démarche de Boudet.

THE
ORIGIN
LANGUAGE AND NATIONS,
Hieroglyfically, Etymologically, and Topografically DEFINED and FIXED,
After the METHOD of an
ENGLISH, CELTIC, GREEK AND LATIN
ENGLISH LEXICON.
TOGETHER WITH
An HISTORICAL PREFACE,
An Hieroglyfical Definition of CHARACTERS,
A CELTIC General GRAMMAR,
AND
Various other Matters of ANTIQUITY.
Treated of in a METHOD ENTIRELY NEW.
By ROWLAND JONES, Esq;
Of the INNER TEMPLE:
And God said, Let us make man in our image, after our likeness. Gen. i. 26.
So God created man in his own image, in the image of God created he him, male and female created he them. Ver. 27.
And the Lord formed man of the dust of the ground, and breathed into his nostrils the breath of life, and man became a living soul. Gen ii. 7.
And out of the ground the Lord formed every beast of the field, and every bird of the air, and brought them unto Adam to see what he would call them, and what Adam called every living creature that was the name thereof. Ver. 19.
LONDON:
Printed by J. HUGHS, near LINCOLN'S-INN-FIELDS.
MDCCLXIV.

Photo I – Rowland Jones

La langue celte d'ailleurs, eut un autre chantre en tant que langue gomérienne, avec Rowland Jones, plus tardif puisqu'il écrit au XVIIIe siècle, alors que débutent les premières études réellement scientifiques de philologie. Il insiste sur l'antériorité du gallois sur toutes les autres langues et de la nation britannique sur toutes les autres cités. Dans son ouvrage de 1764, *The Origin of Language and Nations*, qui se présente sous la forme d'un lexique multilingue, anglais, gallois, grec et latin, nous retrouvons la partition des mots en deux ou trois composants simples censés en donner la signification profonde. Par exemple, à l'article « Dirk ou Dark ; Du ou Tywyll ; Axluoesis ; Caliginosus ou Ater », il explique : « Du vient du privatif di, signifiant la privation de lumière ; *tywyll* de *di-wyl*, pas de lumière ; *axluoesis* de *ac-lui-si*, sorti de la lumière ; *caliginosus* de *ac-lui-ig-en-o-si*, sorti de l'action de la lumière du firmament ; dark, de *id-ir-ac*, sorti de la lumière ; *ater,* de *a-it-ir*, sorti de la lumière ; dirk de *id-ir-ac*, sorti de la lumière. » Il se complète d'un lexique historique où parfois la même méthode sert à expliciter les noms des rois, des héros ou des pays, avec parfois d'étonnants coups au but comme l'article Abram consacré au patriarche biblique : « ABRAM le patriarche vient d'abaram, son habitation se situant à Haram ou *âr-ham*, le pays de Ham ; ou il vient de *ab-ar-ham*, d'après le grand Terah son père, pour sa terre et ar-am signifie à la fois son pays ou le lieu qu'il possédait ; mais une fois qu'il a quitté Haram, on l'a appelé *ab-ar-ham*, sorti du pays de Ham. » Coup au but étonnant. Haram ou plus exactement Harran est une cité connue de l'antiquité profonde en Syrie du nord. La Bible affirme qu'Abram est sorti de Ur en Chaldée. Les baptistes américains l'ont assimilée à Ur près de Sumer, dans le delta, tout au sud de l'Irak actuel et tous les historiens ont emboîté le pas, sauf dernièrement un rabbin, américain lui aussi, qui a fait remarquer qu'il y avait deux Ur, Ur des Chaldéens en Syrie du nord et Ur des Sumériens dans le delta. Ur des Chaldéens existe encore, se trouve actuellement en Turquie et se nomme Urfa. On comprend mieux que sa première étape soit Harran où il rejoint son neveu Lot.

Enfin, portons nous plus à l'est, en Pologne où nous allons rencontrer le père Wojciech Dembołęcki [11] (1585-ca.1647), franciscain, pour qui bien sûr le royaume de Pologne est le plus ancien du monde, le polonais la langue originelle. Il réécrit entièrement l'histoire, du moins l'histoire connue de son temps, basée sur la Bible et les chroniqueurs grecs et latins, histoire qu'il juge falsifiée par la faute des Polonais qui n'ont pas cultivé leurs traditions populaires, eux qui étaient dépositaires de la véritable tradition puisqu'ils n'avaient pas participé à la construction de la tour de Babel et qu'ils avaient gardé le langage même du paradis. Refrain connu. Ce refrain, toutefois, connaît une variante : les Polonais sont des Scythes, c'est à dire les descendants directs de Seth, le fils d'Adam né après le meurtre d'Abel par Caïn. Noé, son descendant, se trouvait en Syrie quand ses petits-enfants ont voulu construire la tour. Dembołęcki affirme que l'ancien syrien parlé par Noé, Sem et Japhet n'était autre que le slavonique, racine des langues slaves et même, au diable l'avarice, du grec et du latin. On notera au passage que seul le méchant Cham, celui qui s'était moqué de la nudité de son père ivre-mort, reste donc pour l'épisode de la tour ! Quant au slavonique, il n'est autre que le scythien en amont et le polonais au XVIIᵉ siècle. Pour lui, la nature parfaite du polonais est amplement démontrée par le fait qu'elle contient des termes imprononçables à une bouche inexercée, incompétente, comme « *chrząszcz, chrzest, trzpień, trzmiel* ». Mais il s'appuie aussi sur une ancienne chronique polonaise qui, contrairement aux auteurs anciens comme Jérôme qui partageaient la terre entre les trois fils de

---

[11] Joanna Partyka, *What language God spoke to Adam: a 17th century Polish theologian on the oldest language* in the world, Université de Varsovie, texte mis en ligne à l'adresse 0016i.pdf

Noé, l'Asie à Sem, l'Europe à Japhet et l'Afrique à Cham, affirme que ce partage est fonctionnel : « *Sem ora, Cham labora, Japhet rege et protege* » (Sem prie, Cham laboure, Japhet règne et protège). C'est la trifonctionnalité telle que mise en évidence par Dumézil sur toute l'aire culturelle indoeuropéenne. A Sem échoit la prêtrise, à Cham le travail productif et la fécondité du monde, à Japhet la fonction guerrière et royale.

Photo J – Tour de Babel

Au terme de ce tour d'horizon succinct, car il faudrait aussi parler des auteurs espagnols qui retrouvent la pure langue gomérienne dans le castillan, il reste une question d'importance. Sommes-nous seulement en face d'une proto-linguistique ? Que penser des traductions des mots-racines censés expliquer les toponymes sur lesquels Boudet s'appuiera beaucoup aussi, et autres noms propres ? N'oublions pas que les XVIe et XVIIe siècle furent aussi l'âge d'or de l'Alchimie et l'époque où s'élabore le code symbolique qui en révèle et (re)voile les opérations d'un même mouvement. Or traiter le ventre d'Eve de « barrique » comme s'il s'agissait d'un vulgaire tonneau de bière et, plus énigmatique encore, de « barrique de serment », relève-t-il de la muflerie ou de l'appareillage de laboratoire pour obtenir une multiplication ? Définir Adam comme « l'être conjoint » évoque aussi la conjonction, une des étapes de l'œuvre. Quant à l'allusion de dom Pezron à la terre blanche… Si tout ou partie de ces ouvrages où l'on a vu un peu vite les balbutiements ridicules de la linguistique moderne abritent des considérations alchimiques, en serait-il de même pour les travaux de l'abbé Boudet qui, lui, vient comme une fleur avec sa méthode directement tirée de Van Gorp au moment où la philologie est en plein essor, essor qu'il ne peut totalement ignorer ? Je n'ai pas de réponse mais la question se pose.

CHAPITRE **IV**

UN EXEMPLE DE DÉCRYPTAGE
DE LA VRAI LANGUE CELTIQUE

Jean-Alain Sipra ©

La fameuse légende du trésor dit « de l'abbé Saunière » fut portée à la connaissance du grand public, en 1967, par un ouvrage romancé dû à la plume du journaliste Gérard de Sède, et intitulé *L'or de Rennes*. En fait on découvrit que l'inspirateur de la part la plus « mystérieuse » de cet écrit était un certain Pierre Plantard, qui possédait sur cette affaire de nature ecclésiastique certaines informations. C'est notamment grâce à lui que fut tiré de son sommeil poussiéreux un livre, publié en 1886 par un collègue de Saunière, l'abbé Boudet, qui est intitulé *La vraie langue celtique et le cromleck de Rennes-les-Bains*. Ouvrage que Plantard prétendait être codé, contenir un message secret de nature religieuse et aussi l'emplacement d'un important dépôt précieux.

Il s'avère que cet ouvrage est effectivement crypté, et il aura fallu pas moins de cinq ans à l'auteur pour en extraire la véritable information. Le décodage proposé, basé sur des conversions anagrammatiques irréfutables est logique et cohérent. La partie la plus significative concerne la découverte, faite par Boudet et un autre prêtre, d'un important tombeau montagnard, et la stupeur des deux hommes devant le spectacle invraisemblable qui s'offrit à leurs yeux. Dès lors, ayant perdu toutes ses illusions, son obsession pour la Vérité poussa notre abbé à publier son ouvrage sans l'imprimatur de son évêque, lequel en connaissait évidemment le contenu sous-jacent. Après ce pas de clerc, il savait ne plus être en odeur de sainteté, mais le secret qu'il détenait pouvant entraîner les plus grands bouleversements, son cas était devenu tabou car, même excommunié de facto, on le laissa exercer son sacerdoce à Rennes-les-Bains pendant vingt-huit ans encore.

Il convient d'ajouter que son ouvrage trouve une illustration dans le décor de l'église de Rennes-le-Château, dont il fut en réalité l'ordonnateur. En effet, la disposition des statues décrit symboliquement le cheminement qui conduit à cette effarante découverte. Quant à son énigmatique « cromleck », il couronne la montagne dans laquelle se situe l'hypogée, qui n'est autre que le Pech de Bugarach. Enfin, pour ajouter à l'étrangeté de la situation, la simultanéité entre la divulgation de ce secret et la vogue apocalyptique qui se concentre actuellement sur ce lieu, pourrait être perçue comme une manifestation de synchronicité issue de l'inconscient collectif.

Si vous souhaitez connaître le véritable secret de « l'affaire de Rennes-le-Château », penchez-vous donc sur le présent ouvrage. Sa lecture peut sembler quelquefois un peu ardue, mais la somme d'informations qu'il contient vous étonnera, et sa conclusion est, pour tout dire... détonante !

PRIX BÉRENGER 2015

L'Association pour les Recherches Thématiques sur Bérenger Saunière (ARTBS) remet chaque année, à l'issue de son Colloque d'Etudes et de Recherches, le prix Bérenger. Il est destiné à récompenser le meilleur travail d'étude portant sur l'affaire de Rennes-le-Château et sujets connexes, et notamment sur la mécanique de création de la dite affaire ainsi que sur son contexte (historique, politique, religieux, généalogique etc….). Les travaux portant directement sur la recherche du trésor supposé de l'abbé Saunière ne sont pas concernés.

Par travaux, nous entendons toute publication, qu'elle prenne la forme d'un livre, d'un article dans une revue, d'une réalisation vidéo, audio ou sur support informatique (CD Rom).

Le jury est composé de :
Yves Lignon, universitaire, écrivain, président de l'ARTBS
Philippe Marlin, président de l'association Œil du Sphinx et gérant des Editions de l'Œil du Sphinx
Laurent Bucholtzer dit Octonovo, chercheur, écrivain
Patrick Mensior, chercheur, écrivain, président de l'association RLC.doc.
Jean-Luc Rivera, rédacteur en chef de la Gazette Fortéenne

Il est souverain et ses décisions sont sans appel.

Les travaux des membres du jury sont exclus de la sélection.

Le prix prend la forme d'un objet de valeur (style statuette en marbre) gravé au nom du lauréat avec indication de l'année concernée.

Il a été remis pour la première fois au Colloque de Stenay en juin 2005 et portait sur les travaux de l'année 2004. Le lauréat était Paul Saussez pour son travail sur *Le Tombeau des Seigneurs* (CD Rom, Editions Arkhéos).

Il a été remis en juin 2006 à Dominique Dubois pour son ouvrage *Rennes-le-Château, l'Occultisme et les Sociétés Secrètes* (Editions de l'Œil du Sphinx, 2005).

Il a été décerné en juin 2007 à Patrick Mensior pour sa revue annuelle de recherches, *Parle-moi de Rennes-le-Château* (publication associative). Le jury a également décidé de remettre un prix spécial « *in memoriam* » à Gérard de Sède pour l'ensemble de son œuvre.

Il a été attribué en 2008, à titre posthume, à Jean-Luc Robin, pour l'ensemble de son œuvre et pour sa contribution à l'animation du village.

Il a été décerné en 2009 à Laurent Buchholtzer (Octonovo) pour son ouvrage *Rennes-le-Château, une affaire paradoxale* (Editions de l'Œil du Sphinx, 2008).

Il a été attribué en 2010 à Mariano Tomatis pour sa participation, avec Antoine Captier et Christian Doumergue, à l'enrichissement du musée du village et notamment pour la réalisation d'une plaquette documentaire sur Rennes-le-Château et Bérenger Saunière.

Il a été délivré à Christian Doumergue en 2011 pour ses travaux sur Alfred Saunière et le Cercle Catholique de Narbonne (Bulletin *Terre de Rhedae*).

Il a été remis en 2012 à Henry Lincoln pour l'ensemble de son œuvre.

Il vient a été attribué pour 2013 à Claire Corbu et Antoine Captier pour leur refonte de *L'Héritage de l'abbé Saunière.*

Il a été décerné en 2014 à Stéphanie Buttegeg pour son travail de recherches publié dans *Légendes d'OC.*

Il a été remis en 2015 à Jean-Claude Rossignol pour son travail sur La Saga des Téniers.

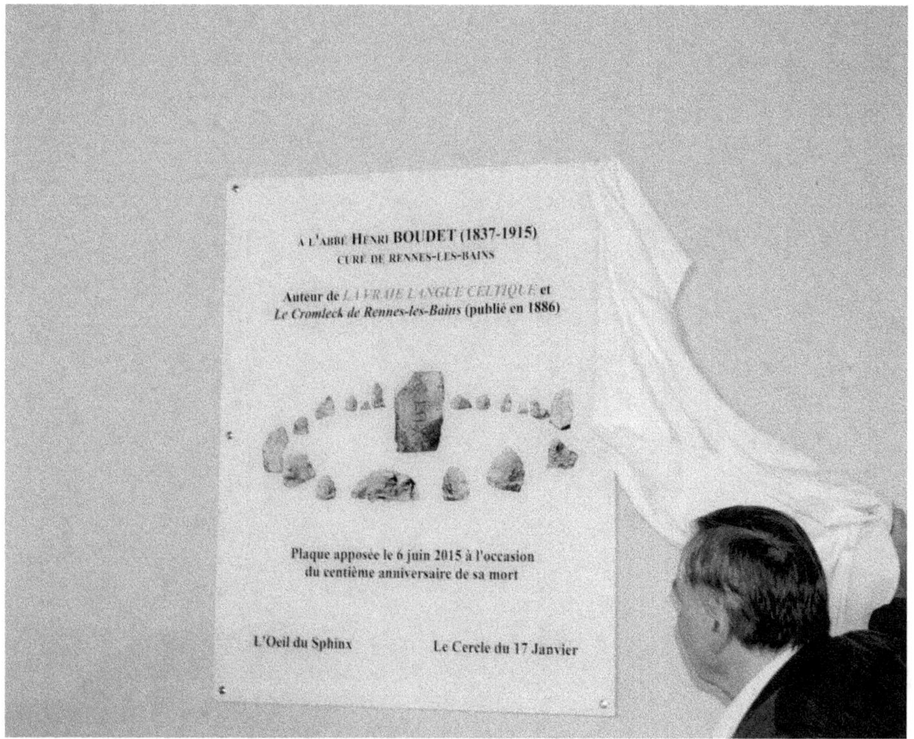

***

La manifestation se poursuivra à Rennes-les-Bains, en compagnie de la municipalité du village, où sera apposée une plaque à l'entrée de l'église commémorant le centenaire de la disparition du prêtre. Cette plaque a été financée par les associations ODS et Cercle du 17 janvier. Sa réalisation a été pilotée par Kris Darquis.

Annexe I

BIBLIOGRAPHIE SUR RENNES-LES-BAINS & L'ABBÉ BOUDET

Philippe Marlin ©

- Guillaume Catel, *Mémoires sur l'Histoire du Languedoc*, 1633

- Abbé Delmas, *Antiquités des bains de Montferrand communément appelés les bains de Rennes*, manuscrit, 1709

- Julia (J.S.E.), *Dissertation sur les eaux thermales connues sous le nom des Bains de Rennes, Mentions Delmas*, 1814 (réédition 1984, Schrauben et 2006 Lacour)

- Dr Lignon, *Journal des Bains de Montferrand*, 1819

- Labouisse-Rochefort, Voyage à Rennes-les-Bains, Paris, 1832

- Dr Cazaintre, *Analyse des eaux thermo-minérale de Rennes (Aude)*, 1853

- Dr Cazaintre, *Observations médicales relatives à l'emploi de l'eau salée de la rivière de Salz à Rennes-les-Bains (Aude)*, 1858

- Dr Cazaintre, *Notice sur les eaux thermo-minérales de Rennes-les-Bains*, 1862

- Dr Jean Gourdon, *Stations thermales de l'Aude - Rennes-les-Bains*, Cote BN : 8°TE163/155, 1874.

- Henri Boudet, *La Vraie Langue Celtique et le Cromleck de Rennes-les-Bains*, Pomiès, 1886 (rééditions Demeure Philosophale, 1978 ; Schrauben, 1978 ; Belfond, 1978 ; Belisane, 1984 ; EODS, 2006 ; Pré aux Clercs, 2011 ; numéro spécial du bulletin de l'association Terre de Rhedae avec CD Rom, 2011)

- Dr L. Vaysse, *Eaux Thermo-minérales de Rennes-les-Bains*, 1886 (réédition Lacour, 2004).

- Henri Boudet, *Remarques sur la phonétique du dialecte languedocien, Société des Arts et des Sciences de Carcassonne*, 1894.

- Henri Boudet, *Du Nom de Narbonne*, non daté.

- Henri Boudet, *Les lieux dits de la localité d'Axat* (non daté).

- Louis Fédié, *Commentaires sur l'ouvrage de Boudet in Mémoires de la Société des Arts et des Sciences de Carcassonne* (8, 2), 1898.

- Dr Paul Courrent, *Étude générale sur Rennes-les-Bain*s, 1928.

- Dr Paul Courrent, *Rennes-les-Bains (Aude) — Ses Sources et Leurs Indications*, Languedoc Medical, 1932

- Dr Paul Courrent, N*otice historique sur les bains de Rennes connus anciennement des Bains de Montferrand — Leur origine gallo-romaine et leur évolution jusqu'à la fin du XVIIIe siècle*, Carcassonne, 1934

- Dr Paul Courrent, *Station hydrominérale de Rennes-les-Bains — Thermes romains* (ancien Bain Fort), 1934

- Dr Paul Courrent, R*ennes-les-Bains (Aude) : Monographie historique, scientifique, médico-thermale et touristique*, 1942, réédition EODS 2008

- Dr Paul Courrent, *Découverte d'une mosaïque à Rennes-les-Bains, Bulletin de la société d'études scientifiques de l'Aude*, tome XLIX, 1948

- Dr Paul Courrent, *Un morceau de mosaïque provenant de Rennes-les-Bains, Bulletin de la société d'études scientifiques de l'Aude*, tome XLIX, 1948

- Gérard de Sède, *L'Or de Rennes*, Julliard, 1967 ; réédité *Le Trésor Maudit*, J'Ai Lu, 1967 ; *Signé Rose-Croix*, Plon, 1977 ; *L'Or de Rennes*, Œil du Sphinx, 2007.

- Urbain Gibert et Guy Rancoule, *Rennes-les-Bains : Notes sur une tête sculptée*, Bulletin de la société d'études scientifiques de l'Aude, tome LXIX, 1969

- Valat Jean Louis, *Étude des sources thermominérales de RENNES les Bains*, publication CERGH 1971, Thèse Université de Montpellier 2

- Urbain Gibert, *Notes Historiques sur les Bains de Montferrand devenus les Bains de Rennes, actuellement Rennes-les-Bains*. Bulletin de la société d'études scientifiques de l'Aude, tome LXXIII, 1973.

- Cabanis Jean Claude -Valat Jean Louis *Composition Chimique des eaux thermales de Rennes les Bains*, Journal Français d'Hydrologie N 16 1975.

- Urbain de la Rouane, *La Voie de Dieu et du Cromleck de Rennes-les-Bains*, Bélisane, 1982.

- Abbé Bruno de Monts, *Rennes-le-Château et Rennes-les-Bains*, 32 pages, 1984.

- *Occupation Gallo-Romaine à Rennes-les-Bains*, Société d'Etudes Scientifiques de l'Aude, 1984.

- Jean-Luc Chaumeil et Jacques Rivière, *L'Alphabet Solaire*, Borrego, 1985.

- Marcel André, *Rennes-les-Bains,* Ouest France, 1992.

- Gérard Bavoux, *Le Cheval de Dieu ou le secret de l'abbé Boudet*, Pygmalion, 1995.

- André Goudonnet, *Dictionnaire de la Vraie Langue Celtique,* autoédition, 1997.

- Patrice Alessandri, *Rennes-les-Bains (Aude) - Vestiges antiques du site thermal au Parc de la Reine*, Études Roussillonnaises, tome XVII, 1999.

- Stephanie Buttegeg, *La tête sculptée de Rennes-les-Bains*, in A la recherche du secret perdu n°1, 2004.

- Stephanie Buttegeg, *Le Dolmen de l'abbé Boudet, le Dé, la Pierre du Pain, les Mines de Jais*, in A la recherche du secret perdu n° 2, 2005.

- Jean-Pierre Monteils, *La rivière au bois dormant évocation de la vallée de la Sals et de l'ancien comté du Razés*, Éditions Salicorne, ECLA, Rennes-les-Bains, 2005.

- Stephanie Buttegeg, *Le Fauteuil du Diable, les Roches Tremblantes et leurs fantastiques légendes*, in A la recherche du secret perdu n° 4, 2005.

- Rivière et Boumendil, *Histoire de Rennes-les-Bains*, Bélisane, 2006.

- Stephanie Buttegeg, *Du Pic de Bugarach aux Sources de la Sals*, A la recherche du secret perdu n° 5, 2006.

- Stephanie Buttegeg, *Spécial Rennes-les-Bains* ; A la recherche du secret perdu, 2006.

- Stephanie Buttegeg, *Si le château de Blanchefort m'était conté, Les pierres levées du Bazel, l'Ermitage, Les menhirs géants du Goundhill, L'église de Rennes-les-Bains*, in A la recherche du secret perdu n° 7, 2006.

- Jean Brunelin, *La croix dans le cercle ou le message de l'abbé Boudet*, Jean Brunelin, Pégase, 2007.

- Philippe de Cherisey, *Le Veau à Cinq Pattes*, France Secret, 2008.

- *Henri Boudet, The true celtic language and the Stone Circle of Rennes-les-Bains*, Œil du Sphinx, 2008.

- Henri Boudet, *La Vera Lingua Celtica*, Mariano Tomatis, 2008.

- Henri Boudet, *Die Wahre Sprache der Kelten und der Kromlech von Rennes-le-Bains*, Ancient Mail Verlag, 2009.

- Stephanie Buttegeg, *De la source du Cercle aux thermes romains, Rennes-les-Bains un village sous le signe de l'eau ; l'énigmatique lac de Barrenc*, in A la recherche du secret perdu n° 3, 2005 - 2009

- Pierre Jarnac et Michel Azens, *L'œil sur la montagne ou le secret de l'abbé Boudet*, Pégase 2010.

- Stéphanie Buttegeg, *Sur les traces de l'abbé Boudet, le Cromleck du Couchant*, A la recherche du secret perdu, 2011.

- Stéphanie Buttegeg, *Sur les traces de l'abbé Boudet, le Cromleck du Levant*, A la recherche du secret perdu, 2011.

- *André Salaün, Le Trésor Sacré de Rennes-les-Bains ; le secret de l'abbé Boudet*, Le Mercure Dauphinois, 2011.

- Catherine Pierdat, *L'Ile Sacrée*, Editions SAS, 2011.

- Arnaud Bren, *Eureka, l'abbé Boudet à Livre Ouvert*, Pégase, 2012.

- Claude Devos, *Coup de chaud à Rennes-le-Château*, Editions Baudelaire, 2012.

- Val Wineyard, *The Sacred River of Rennes-les-Bains*, autoédition, 2012.

- André Galaup, *Rennes-le-Château, en quête de vérité*, autoédition, 2012.

- Stephanie Buttegeg, *Les Tombes Mythiques des Cimetières de Rennes-les-Bains et Rennes-le-Château,* A la recherche du secret perdu no 9, 2012.

- Jean-Alain Sipra, *La vraie langue celtique expliquée aux curieux et aux incrédules*, Œil du Sphinx, 2012.

- André Douzet & Mary-Ange Tibot, *Rennes-les-Bains, de l'abbé Boudet aux mythes, mystères, légendes et rumeurs*, autoédition, 2012.

- Vincent Berger, *La Vraie Curiosité Celtique*, autoédition, 2013.

- Stéphanie Buttegeg, *Les Mines Légendaires Antiques de Rennes-les-Bains*, autoédition, 2013 (deux volumes dont un de documents).

- Claude Boudet, *Les Ombres de Rhedae*, EODS, 2014 (roman).

- Claude Devos, *Le terrible Secret de l'abbé Boudet*, éditions Baudelaire, 2014 (roman).

- Francia Godet, *La Maison d'Elise*, L'Harmattan, 2014.

- André Galaup & Jos Bertaulet, *Les Mystères de la Vraie Langue Celtique*, autoédition, 2015.

- André Goudonnet, *Henri Boudet, abbé de Rennes-les-Bains*, Arqa, 2015.

ANNEXE II

Nous vous proposons ici une contribution « virtuelle » : un article qui avait été prévu pour le numéro 2 de RLC Le Mag qui n'a jamais vu le jour, cette publication n'ayant pas rencontré le succès escompté.

LES CHEVALIERS DU BÉZU ET LA PIERRE DE COUME SOURDE

Geneviève Beduneau ©

Une dalle présentée par Gérard de Sède dans *L'Or de Rennes*, une trouvaille de l'ingénieur et archéologue Cros disparue comme de juste dans la dispersion des biens de ce dernier, a pris au fil du temps de plus en plus d'importance comme « indice » du trésor ou du lieu sacré. Elle aurait été découverte au lieu-dit Coume Sourde.

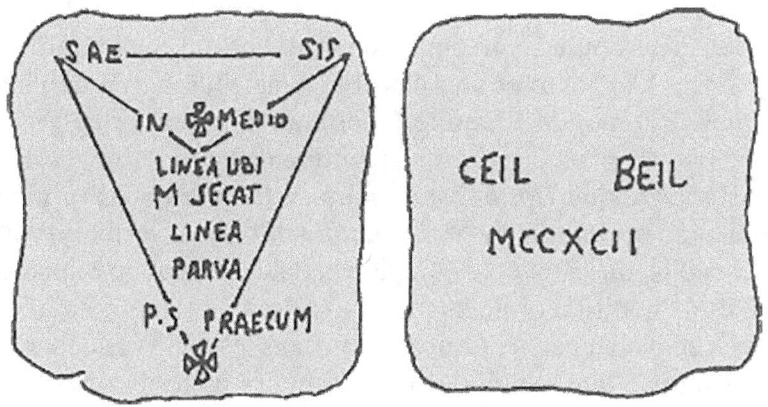

Il est vrai que son texte semble à première vue incompréhensible. On y voit deux triangles ou deux chevrons pointe en bas emboîtés l'un dans l'autre et, brochant sur le tout, cette indication latine sibylline : *In medio linea ubi M secat linea parva*, où M coupe la petite ligne. Gérard de Sède en attribue la paternité à Bigou, décidément adepte du ciseau de graveur. Pierre Jarnac la remonte de plusieurs siècles et la suppose templière puisque, selon l'érudit abbé Mazière, les Templiers auraient possédé une commanderie au Bézu, jouxtant Rennes, commanderie dont témoignerait encore le nom de la ferme des *Tipliès* [12]. Mazière fait état de légendes locales fort impressionnantes.

Le château d'Albedun, *Albedunum* en 1067, est devenu plus tard Albézu puis Le Bézu. *Dunum* est un terme celtique qui désigne un lieu fortifié puis, plus tardivement, s'étend aux bourgades abritant un marché et un centre administratif. *Albedunum* signifie littéralement *la forteresse blanche*, c'est le même nom que Blanchefort mais en version plus archaïque. Sauf si Albus est un nom d'homme, celui du propriétaire à l'époque gauloise. On lirait alors en traduction « le fort de monsieur Leblanc » ! Sur ce château dont les ruines couronnent la colline se greffe une légende templière qui se racontait dans les fermes à la veillée. Les chevaliers au blanc manteau, anciens occupants du château, reviendraient chaque nuit du 12 au 13 octobre sonner à la chapelle des Baruteaux l'appel au dernier office, celui qu'ils célébrèrent avant leur arrestation par les hommes de Philippe le Bel. C'est cette légende de cloche fantôme qui, rapprochée du nom de la ferme, a convaincu l'abbé Mazière d'une occupation templière d'un château qui évoquait les « blancs manteaux ».

Las ! Il faut sans doute abandonner les Templiers en cette affaire et, par conséquence, leur intervention possible dans cette partie de l'histoire de Rennes. Raymonde Reznikov, peu convaincue par l'étymologie suggérée par Mazière, a recherché mention de cette ferme dans les archives. Il s'avère que *Tipliès* est un nom de famille dont l'origine doit se chercher en occitan. *Tible, tibla* ou *tiblo* désigne un bruit rythmé, celui de la truelle, du rabot ou de la pluie battante [13]. L'abbé Mazière s'est appuyé sur la tradition orale du pays qui faisait état du séjour à Rennes de moines chevaliers et, ne trouvant rien dans les archives départementales, a supposé qu'il s'agissait de Templiers. Que n'avait-il poussé jusqu'à Toulouse ! Car les documents de la famille Voisins, seigneurs de Rennes, déposés aux Archives départementales de Haute-Garonne

---

[12]Articles de l'abbé Mazière à la fin des années 50 dans le Bulletin de la Société des Arts et des Sciences de Carcassonne, tome 3, 4ᵉ série.

[13] Raymonde Reznikov, *Cathares et Templiers*, éd. Loubatières, Porter sur Garonne, 1993, pp. 60-75.

l'auraient détrompé. La tradition orale ne mentait pas. Il y eut bien des moines chevaliers au Bézu mais... c'étaient les Hospitaliers de Saint-Jean de Jérusalem, en d'autres termes le futur ordre de Malte. Dès avant 1185, les Hospitaliers possédaient des terres à Rennes, comme en témoigne le testament d'Hugues de Caderonne [14]. Ils voisinaient alors avec l'abbaye de Saint-Hilaire à laquelle Raimon de Carcassonne avait fait don de manses rennaises en 1034 [15]. La famille de Voisins, installée à Rennes depuis la croisade contre les cathares, s'y trouvait donc quelque peu à l'étroit malgré une seigneurie nominale sur Limoux. Afin de s'étendre, Pierre II achète Arques à Olivier de Termes en 1260 ; puis en 1288 entre en litige avec les Hospitaliers à propos de leur propriété de La Valdieu. En fait, les terres des Voisins étaient enclavées au milieu de celles de l'Hôpital. Ce dernier les eût volontiers délogés, mais les descendants des croisés tenaient bon et cherchaient, de leur côté, à se constituer un domaine décent. La petite histoire du litige fait état de vaches raptées et de sillons grignotés, d'une guerre plus picrocholine que sanglante ! Toujours est-il qu'au bout d'une génération, l'Hôpital finit par céder, en particulier ses terres de La Valdieu. La « frontière » passe dès lors à Coume Sourde. En septembre 1290, Aimeric de Thuri, commandeur de Magrie, en accord avec Guillaume de Villaret, grand prieur de Saint-Gilles, concède « en emphythéose perpétuelle à J. de Voisins fils de Pierre de Voisins, chevalier, le domaine de La Valdieu avec tous les droits de justice y attenant » ; en contrepartie J. de Voisins a du verser 40 livres tournois. L'accord stipule qu'il devra ainsi que tous ses successeurs verser 40 livres tournois tous les ans à Noël. Les Voisins resteront ainsi vassaux de l'Hôpital, ainsi que leurs propres héritiers d'Hautpoul, de Roquelaure, d'A Niort, de Montesquieu et de Fleury, jusqu'à la révolution.

Et c'est là que nous retrouvons, parfaitement limpide, la fameuse pierre. Le M n'a rien d'énigmatique ; il se lit *Milia*, sous entendu *passuum*, et désigne une borne milliaire sur une route cadastrée à la romaine, au croisement d'une *linea* et d'une *linea parva*, et nous avons alors le choix de la traduction : chemin, sentier ou limite bornée. Une grande « ligne », sans doute une ancienne voie romaine puisqu'elle comporte une pierre milliaire, et une petite qui peut se révéler à peu près n'importe quoi, layon, murette, ruisseau sec, du mo-

---

[14] Cartulaire de Douzens 37 ; cartulaire de Magri 2-41.

[15] Dom Vaissette et dom de Vic, *Histoire Générale du Languedoc* tome 6, p. 561.

ment que son tracé est stable et sert de passage aux hommes. Un regard sur la carte au 25'000ᵉ nous montre que passe actuellement le long du hameau une route goudronnée qui part de Rennes-le-Château et rejoint à La Ferrière la route de Rennes-les-Bains à Bugarach. Ce serait ainsi l'écho actuel d'un ancien chemin minier. Autour d'elle, les sentiers ne manquent pas. Même si les tracés ont pu s'altérer au cours des siècles, ils n'ont pas dû bouger de beaucoup : en montagne, c'est le terrain qui dicte par où l'on peut passer. La pierre de Coume Sourde ne serait autre que le témoin gravé pour bornage de la transaction entre les Voisins et l'Hôpital. La précision sur les lieux n'a d'autre but, semble-t-il, que d'éviter que l'une ou l'autre partie ne la déplace à son avantage. Quant à la croix qui la timbre, il ne s'agit pas de la croix pattée du Temple mais de celle de Malte ; les deux se ressemblent et peuvent se confondre sur une mauvaise gravure. Pierre Jarnac a probablement eu tort de rejeter l'hypothèse d'une borne de propriété à cause de la présence du PS *Praecum*. Il est vrai que cette demande de prière adressée au passant se trouve le plus souvent sur une tombe mais, si elle figurait bien sur le relevé de Cros, elle a du sens à la limite des terres d'un ordre religieux combattant et hospitalier, confronté en permanence au danger de la guerre et à la mort des pèlerins recueillis car n'oublions pas que nous sommes là très proches d'un des affluents du pèlerinage de Compostelle, celui qui passe par San Juan de la Peña et Jaca. De plus, Coume Sourde a donné son nom à un ruisseau, à moins que ce ne soit le ru qui ait servi à nommer les bâtisses car le nom évoque par assonance une combe où sourd l'eau. Deux chemins le traversent, dont l'un va vers La Valdieu et l'autre vers une ancienne mine. Un sentier coupe le premier et joint la route de Coume Sourde à celle qui descend au sud de Rennes-les-Bains. Il est dommage que nous ne sachions pas avec exactitude où Cros a découvert la pierre dont nous ne possédons que le relevé. Sa localisation permettrait peut-être de traduire les abréviations qui restent énigmatiques en haut de la figure : S AE et SIS. D'aucuns ont voulu lire Serris et donc Serres pour SIS, La Soulane pour SAE. Les mêmes chercheurs avancent aussi « Sancta Imago Salvatore » (la sainte image du Sauveur) pour SIS, qui « correspondrait à la tête grossièrement sculptée du Cap-de-l'Homme », et verraient dans SAE « un abri sous roche que les gens du coin appelait « Saint Antoine Ermite », plus au nord, à mi-chemin entre le Cap-de-l'Homme et la ferme de « La Cabanasse [16]». La plus grande faiblesse de ces interprétations serait de s'appuyer sur le français actuel et non sur le latin comme le reste de l'inscription. Mais l'idée d'une triangulation

---

[16] Sur le site TEMPLARII, article « La Valdieu (Vallis Dei) & la pierre de Coume Sourde »

par rapport à des lieux-dits connus à l'époque n'est pas choquante. Si cette hypothèse est juste, d'autres inscriptions de bornage devaient exister tout au long de la limite pour matérialiser l'accord entre les Voisins et les Hospitaliers. Ceci expliquerait peut-être les divergences avec le tracé du rapport Cholet, plus simpliste. Rien ne nous assure que Cholet a vu la même gravure que Cros.

N'imaginons pas quelque connivence entre Hospitaliers et Templiers. Les deux ordres ne se prisaient guère et leur rivalité les amena souvent, après la chute du royaume de Jérusalem, à soutenir des causes opposées. Au XIIIe siècle, en particulier, les Templiers tenaient pour Venise et leur soutien permit la désastreuse, quoique victorieuse, expédition qui détourna la IVe croisade vers Constantinople, avec pour résultat le schisme définitif entre les Églises d'orient et d'occident, l'affaiblissement de Byzance face au Turc et quelques autres joyeusetés que payent encore de nos jours les peuples des Balkans. Les Hospitaliers, pour leur part, soutenaient Gênes et ses alliés catalans dont la politique orientale visait depuis toujours à établir des liens avec l'Arménie, sans oublier de s'assurer le contrôle des débouchés de la route de la soie.
Il nous faut donc ôter les Templiers de Rennes appartenant à leurs rivaux Hospitaliers, de Rennes où jamais ils ne mirent éperons ni chausses. Mais cette cheville tenait de larges pans de la Belle Histoire. L'aura sulfureuse des Templiers supposés hérétiques, proches des initiés musulmans ou secrets adorateurs d'Isis permettait toutes les spéculations. Les Hospitaliers furent plus discrets et, sécularisés en ordre de Malte, le restent encore, seuls héritiers des archives et des éventuels secrets à la fois des Templiers et des Antonins, seuls à survivre des grands ordres médiévaux non contemplatifs. Mais il faut bien reconnaître qu'aucune rumeur, même tardive, ne les gratifia de la moindre hérésie, de la moindre connivence avec les adversaires spirituels de la chrétienté, ce qui se révèle fâcheux pour ceux que Jean Robin appelait les mystagogues de Rennes.

Parmi les dons de Saunière à ses collègues figure un calice du XVIIIe siècle offert à Grassaud et timbré de la croix de Malte. Pierre Jarnac reconnaît, sans doute à raison, l'un des nombreux calices donnés par les Hospitaliers de Magrie, près de Limoux, aux paroisses pauvres de la région, un don qui eut lieu du vivant de Bigou et de la marquise d'Hautpoul. Nous voici donc ramenés, par ce biais, à l'influence séculaire des Hospitaliers sur le Razès. Dans des terroirs de profonde mémoire, le passage des siècles n'altère que peu les bonnes et mauvaises réputations. Curieusement, ces fidélités de la mémoire paysanne pourraient expliquer l'insistance de Saunière sur les roses dans la décoration de son église. Après la chute définitive du royaume de Jérusalem à la fin du XIIIe siècle et la prise de Jaffa, les ordres combattants replièrent leurs maisons mères. Les Hospitaliers s'installèrent à Rhodes — l'île des roses [17] — qu'ils gardèrent jusqu'au 1er janvier 1523, forcés de céder devant Soliman le magnifique après un siège de six mois. Ils se replieront alors dans l'île de Malte après quelques années d'errance. Deux siècles durant, l'ordre s'était nommé, au moins dans la langue commune, « chevaliers de Rhodes ». Et l'on parlait de son enseigne comme de la croix de Rhodes, ce qui n'est pas non plus très éloigné de la « rose croix ». Dans les allégories savantes de la fin du moyen âge, l'alliance de la rose et de la croix pouvait désigner par rébus les Hospitaliers aussi bien qu'un ordre militaire espagnol. Est-ce la nostalgie de Rhodes qui inspire les roses de Saunière ? Ce ne serait pas insensé. Dans la querelle qui oppose vers 1770-1780 les diverses branches de la famille d'Hautpoul, l'un des enjeux est la possibilité d'entrer à l'ordre de Malte pour un des petits fils de Marie de Nègre d'Ables ; mais il doit faire la preuve de ses quartiers de noblesse et sa tante Élisabeth, l'aînée des filles Hautpoul, refuse de se dessaisir des papiers de famille. Nous ne commenterons pas cette querelle que Pierre Jarnac a magistralement débrouillée [18] mais noterons le choix des Hospitaliers parmi les vocations nobles possibles.

Les Templiers, pour leur part, auraient possédé une commanderie à Campagne-sur-Aude. Mais après la dissolution de l'ordre par le pape Clément V lors du concile de Vienne, le 22 mars 1312, les biens des Templiers furent donnés aux Hospitaliers, ce qui complique forcément la question lorsque les conflits de voisinage s'étendent sur plusieurs générations. Seules les archives d'avant 1307 peuvent départager les appartenances des terres, d'autant que le cadastre féodal, bien que précis, était très entremêlé.

---

[17] En grec, *rhodon, rhodes* signifie rose(s).

[18] Pierre Jarnac, *Histoire du trésor de Rennes-le-Château*, Cabestany, 1985, pp. 102-118.

ANNEXE III

LA BIBLIOTHÈQUE DE BÉRENGER

2013

Nous poursuivons la chronique de nos lectures, cette fois sur l'année 2013 :

Au risque de se répéter lourdement, force est de reconnaître que Stéphanie Buttegeg fait un excellent travail, alliant les recherches sur documents anciens et investigations sur le terrain. Elle nous le prouve une fois de plus avec **Les Mines Légendaires Antiques de Rennes-les-Bains** (A la Recherche du Secret Perdu, Légendes d'Oc, avril 2013). Elle nous propose une recension très fouillée des mines de la région balnorennaise avec, en trame de fond, les recherches de Pierre Plantard. Elle reprend le dossier immobilier du Grand Nautonnier sur le territoire de la commune (cf *Actes du Colloque d'Etudes et de Recherches sur Rennes-le-Château 2012*, EODS, 2013) en s'interrogeant sur les motivations ayant conduit ce prétendu mythomane à acheter des parcelles de terrain sur le lieu de ses « délires ». Et notamment celle sur laquelle se trouve le Rocco Negro. Après avoir retracé l'histoire des fouilles de Dubosc et Fleury, elle pointe le doigt sur un article attribué à Thomas Plantard dans Le Cercle (1987) faisant allusion à l'existence d'un « Temple Rond » dans le sous-sol du lieu. Les investigations menées ne permettent pas d'apporter la preuve irréfutable de cette « découverte », mais la chercheuse nous présente tout un faisceau d'éléments fort troublants sur le sujet.
Merci Stéphanie pour cette contribution très importante.

Franck Daffos nous avait donné *Rennes-le-Château, le Secret Dérobé* (EODS, 2005). Christian Doumergue franchit un pas supplémentaire et nous propose *Rennes-le-Château, le Secret Dévoilé* (Les Éditions de l'Opportun, juin 2013), un titre pour le moins alléchant, préfacé par nos deux « Maîtres du Mystère » que sont Giacometti et Ravenne. Passionné bien sûr par l'affaire, l'auteur est aussi un mordu de l'écriture puisque cet ouvrage est sa quatrième synthèse castelrennaise. On peut du reste se demander s'il y en aura une cinquième, puisqu'il a enfin percé le Grand Secret du Razès !

La première partie résume de façon synthétique, mais bien documentée, l'affaire Saunière : du trafic de messe (en s'appuyant notamment sur les travaux d'Octonovo, *Une Affaire Paradoxale*, EODS, 2008), des dons (en intégrant ses propres recherches sur « Le Cercle de Narbonne ») et des découvertes trésoraires (en s'appuyant notamment sur les révélations de la dernière version de *L'Héritage de Bérenger Saunière*, Corbu/Captier, EODS 2012).

Mais tout cela n'est qu'une très légère entrée en matière. Car le Grand Mystère se cache au plus profond de la pensée de Pierre Plantard, véritable créateur du Mythe. Un Plantard qui aux yeux de l'auteur était un grand ésotériste, très marqué par la pensée de Paul le Cour, fondateur de la revue Atlantis. Et quel était le but de cette mystification ? Éveiller les consciences à l'aube de l'entrée dans *L'Ère du Verseau*.

Mais il n'y pas, chez Plantard, qu'une grandiose farce ésotérico-surréaliste. Il y a aussi la découverte d'un indicible secret. Christian Doumergue revient sur ses précédentes investigations, et notamment celles concernant Marie-Madeleine dont le tombeau devrait être dans la région. Une Marie-Madeleine réfugiée de Palestine, transportant avec elle le corps du supplicié. Il subodore la localisation du tombeau sacré à proximité de Rennes-les-Bains, au Rocco Negro sous lequel, selon certains écrits plantardiens, se trouverait un « temple circulaire ». Mais les révélations de Christian Doumergue ne s'arrêtent pas ici, et, rapidement, débouchent sur du « très lourd ». Suit en effet une lecture très contestable de *La Race Fabuleuse* de Gérard de Sède au cours de laquelle Christian Doumergue oublie deux choses, qui lui ont pourtant été signalées : premièrement, c'est que certaines personnes ayant activement participé à l'élaboration de *La Race Fabuleuse* sont toujours présentes et savent exactement ce que signifie cet ouvrage, c'est-à-dire un pamphlet à l'encontre des utopies de Pierre Plantard (voir la photo de couverture du livre) ; deuxièmement, c'est que Gérard de Sède et ses amis avaient un véritable sens de l'humour… Et l'auteur, prenant l'ouvrage au premier degré, de nous expliquer que Jésus était manifestement d'origine extraterrestre, les« Fils de Dieu » s'étant comme chacun sait unis aux Filles des Hommes » qu'ils trouvèrent belles. Le chercheur, sans complexe du reste, nous avoue qu'« après avoir structuré toute ma quête autour de la raison, peut-être était-il temps de l'abandonner là et de continuer sans elle ». Il rejoint ce faisant l'école des grands investigateurs romantiques que furent Charroux, Von Däniken, Guieu et bien d'autres. Il s'appuie également sur les « visions » du célèbre médium Edgard Cayce qui voyait certaines possessions sacrées des Atlantes dans les Pyrénées.

En conclusion, sur des bases fortement discutables, Christian Doumergue apporte une contribution importante au *Rêve du Razès*. Discutables, mais aussi éminemment dangereuses, car il évacue totalement la vraie histoire de Bérenger Saunière, devenue accessoire, reconnaissant lui-même que cette grandiose construction mythologique aurait pu être édifiée à partir d'autres lieux que le village du curé. Non, décidément, il faut vraiment lutter pour « préserver l'âme de Rennes-le-Château ».

Cette note, signée Paul Rouelle et Philippe Marlin, a déclenché une jolie polémique, l'auteur n'appréciant manifestement pas la critique !

Un autre avis signé de l'ésotériste Denis Andro ; il a été publié dans Les Cahiers de l'Ailleurs nº4 (mars 2014) ; merci à Dominique Dubois, responsable de la revue, de nous l'avoir communiqué.

Ce gros livre de 658 pages a reçu à sa sortie un certain accueil. L'auteur a même été invité sur « Europe nº1 » à l'émission de Franck Ferrand consacrée à l'histoire, et sur « RTL » à celle de Jacques Pradel sur les affaires criminelles. Il retrace le parcours d'un mordu de Rennes-le-Château depuis le lycée, sur une vingtaine d'années jalonnées de désillusions et de nouvelles hypothèses. Il est intéressant par les avancées qu'il propose sur le plan des faits dans une première partie, et pour l'enthousiasme et la fascination (le terme est utilisé à plusieurs reprises) qui conduit l'auteur à des hypothèses très spéculatives — pour ne pas dire fantaisistes — dans le restant du livre, autour du personnage par ailleurs antipathique (un ancien collaborationniste) de Pierre Plantard qui, on s'en souvient, avait participé à la création du mythe par ses entretiens avec Gérard de Sède (*L'Or de Rennes*, 1967).

Dans une première partie, la démonstration de Ch. Doumergue repose notamment sur l'idée de découpler découverte archéologique ou d'un éventuel « trésor » (des fouilles sont en tous cas avérées dans le cimetière du village) d'une part, origine de la fortune de l'abbé Saunière de l'autre. Autrement dit, la seconde n'est pas nécessairement liée à la première (si elle existe), ce qui conduit à examiner d'autres contextes. Comme l'a montré documents à l'appui Laurent Buchholtzer alias Octonovo, Bérenger Saunière doit sa fortune, à partir de 1898, à un trafic de messes. Mais le début des travaux de rénovation de l'église précède celui-ci : ils commencent en 1886. Alors ? Doumergue explore une piste autour d'Alfred, frère de l'abbé de Rennes : lui aussi prêtre, il était militant d'un Cercle catholique ultra-réactionnaire à Narbonne, dont des membres auraient pu faire des dons à l'abbé Bérenger un temps récalcitrant aux autorités civiles. Hypothèse étayée sur des indices : le nom de certains donateurs figurant sur la liste que Bérenger Saunière fournira à l'évêque pour justifier l'origine de ses fonds correspond à ceux de membres du Cercle de Narbonne; et la devise gravée au fronton de l'église, « In hoc signo vinces », est celle des Cercles catholiques.

L'ouvrage aurait pu en rester là, correcte contribution à la compréhension (et démystification) des événements. Mais Ch. Doumergue a semble-t-il choisi de ne pas renoncer à une certaine quête historico-spirituelle. Le restant du livre (400 pages) propose une étonnante relecture de l'affaire de Rennes-le-Château comme mythe instrumentalisé par Pierre Plantard à travers divers écrits et auteurs. Cela aurait pu être une enquête critique sur l'idéologie de ce dernier, influencé par divers ésotéristes, mais de chapitre en chapitre, l'auteur décelant chez Plantard « une dimension symbolique » (p. 225) et non une simple mythomanie, nous voici embarqués dans un manège au rythme endiablé où l'on croise tour à tour intertextualité, initiés, Rose+Croix, Paul Le Cour et sa revue *Atlantis*, le Hiéron du Val d'Or, Marie-Madeleine, l'Atlantide, Jésus issu d'extra-terrestres et bien d'autres thèmes, dans une suite d'hypothèses audacieuses sinon rapides et branlantes sur les desseins ou les idées de Plantard ou de ceux qui l'auraient lui-même manipulé. Il a ainsi été fait remarquer à l'auteur qu'il faisait une interprétation littéraliste de la *Race fabuleuse* de Sède, un ouvrage qui paraît être un pastiche de Plantard. J'ai, je l'avoue, à un moment décroché : chacun est certes libre de faire les hypothèses qu'il souhaite, Rennes et sa région s'offrant à l'esprit qui le souhaite comme un immense rébus, mais d'une part le contexte ésotérique des XIXe et XXe siècle est ici évoqué sans toujours avec une vraie profondeur (des chercheurs reconnus, Marie-France James ou Jean-Pierre Laurant, ne figurent pas dans la bibliographie) ; c'est regrettable car certains des occultistes rencontrés sont peu connus. Dans sa revue *Magdala* Doumergue a pu en évoquer quelques uns, le néo-cathare Déodat Roché ou le néo-gnostique Louis-Sophrone Fugairon. D'autre part on est en droit de s'interroger : un « chercheur » (de surcroît titulaire de diplômes universitaires, comme Doumergue) n'a-t-il pas, au regard de la vérité, des devoirs envers ses lecteurs et envers lui-même ? Mais croire, c'est peut-être vouloir croire. D'un autre côté, que celui qui n'a jamais cru aux mystères de Rennes-le-Château jette la première pierre...

Après avoir pris le contrôle de l'association Terre de Rhedae, il était inévitable que Christian Doumergue utilise le bulletin de la structure comme un outil de promotion personnelle. Tel est le cas du numéro 7 (Juin 2013) dont il s'autodédie 25 % des pages. D'abord pour nous rappeler encore une fois la profondeur de la pensée ésotérique de Pierre Plantard. Ensuite, et c'est le plus drôle, pour s'interviewer lui-même à l'occasion de la sortie de son ouvrage contestable ! Mais soyons honnêtes. Il reste quelques belles pièces dans cette revue au look très people, notamment les chroniques de l'actualité castelrennaise et surtout l'interview du chercheur Michel Vallet. Ce dernier retrace le chemin qui l'a amené à la découverte de la cache du Pech d'En Couty et décrit de façon très lucide la dégradation des relations avec ses deux coéquipiers qui a conduit à l'explosion que l'on sait. Une mention sympathique également pour le travail du jeune chercheur Jérôme Choloux qui ouvre une nouvelle piste concernant la pierre de Coumesourde. Thierry Espalion enfin nous parle du Cap de l'Homme et des têtes sculptées de Rennes-les-Bains, mais là, je ne suis pas certain avoir tout compris.

Cette petite vidéo est assurément une pièce maîtresse à la bonne compréhension des lourds mystères du Razès. **Les Da Vinci Codes révélés** de Jeanlin (Debowska Productions, 2013) nous apporte en effet un certain nombre d'éléments sans lesquels le chercheur néophyte risque de s'égarer. Le premier, et ce n'est pas le moindre, c'est que Léonard de Vinci n'était autre que la réincarnation de Saint Pierre. Tout s'éclaire ensuite sur la base de cette révélation. On comprend mieux en effet que

le fameux tableau de la Cène (*The last supper*) du maître italien est une représentation symbolique du Pech de Bugarach, que le peintre aimait arpenter. Et, armés de ces clefs fondamentales, nous sommes désormais tout à fait à même de percer l'indicible secret de Rennes-le-Château. Il suffit pour cela de tremper sa main dans le bénitier de l'église pour purger son âme et retrouver l'Amour.
Merci Jeanlin.

Ce n'est certes pas un monument de littérature. Quant au titre, il est d'une platitude affolante. Mais **Au Commencement** d'Evelyne Rivaud et Rodolphe Revel (Editions Epilogue, 2013) est un excellent thuléothriller dont le héros n'est autre que le fameux Otto Rahn. Un Otto Rahn toujours vivant de nos jours, grâce à la découverte d'un secret qu'il ne dévoilera pas mais que l'on peut assez facilement deviner. Il jouera ici le rôle du « méchant », cherchant à saborder les recherches d'un sympathique « Détective de l'Etrange » appointé par le Ministère des Affaires Culturelles (quel beau métier !) et d'une archéologue israélienne qui aura bien du mal à décoincer face à l'enthousiasme de son partenaire. L'action démarre dans l'Aude, près de Somail, par la découverte d'une tombe juive et d'une mystérieuse « carte impossible ». Nous sommes ici dans la famille « Piri Reis », avec une cartographie d'une précision impossible vu l'ancienneté du document. Et de démarrer un passionnant jeu de piste, nous amenant à découvrir le trésor des wisigoths sous le château de Miramont (nombreux clins d'œil à Saunière), puis l'Arche de Noë dans une crevasse du Mont Ararat et un mystérieux continent enfoui sous les glaces du pôle. C'est à la fois drôle et bien ficelé.
Merci à Jean-Michel Archaimbault pour nous avoir fait découvrir cette confidentielle production bordelaise (les Editions Epilogue sont l'étiquette retenue pour l'autoédition de ce livre).

Un excellent bouquin pour tous les amoureux du Razès :
De Missègre à Couiza, de Cubières à Roquetaillade, de Rennes-le-Château à Arques, «Dals montanhòls als paibasòls», (Association Ciném'Aude, 2013) ce livre est le quatorzième volume de la collection

«Vilatges al País». Gardien de la mémoire locale et d'un certain patrimoine culturel, il s'appuie sur une enquête ethnographique auprès des habitants de chaque village, sur des recherches historiques et des écrits de spécialistes bénévoles. Il est abondamment illustré de cartes postales anciennes, photographies, plans et dessins mis à disposition par les habitants. La première partie est une présentation générale du pays : langue et toponymes, géographie, histoire de la préhistoire à nos jours. La seconde partie évoque les activités quotidiennes « pel campestre » (la vie aux champs), à l'usine ou « al vilatge » (la vie au village) : l'enfance, les fêtes, les métiers, le cochon, recettes de cuisine et remèdes pour se soigner, les « escais » (les surnoms), contes ou « cansons », la guerre… avec certains témoignages en occitan. Enfin, la troisième partie regroupe les monographies par commune : blason, origine et évolution du nom de la commune, évolution de la population, monuments historiques. Y sont développés quelques thèmes forts : la chapellerie, la forêt du Rialsesse, les bains de Rennes.

SOMMAIRE
DES ACTES DES COLLOQUES D'ETUDES ET DE RECHERCHES SUR RENNES-LE-CHÂTEAU

UNE ENCYCLOPÉDIE RAISONNÉE DE SAUNIÈROLOGIE

Plus de 2000 pages en 13 tomes

(MAJ Colloque 2015)

A

Adler Alexandre
Introduction, 2007

D'**Aguilar** Daniel
La fiction castelrennaise, Philippe Marlin, 2005

Ahern Jerry
La fiction castelrennaise, Philippe Marlin, 2005

Alaric
Bérenger Saunière et le trésor des wisigoths, Yves Lignon, 2014

Alchimie
Jean de l'Ours, Geneviève Beduneau, 2011

Alpha Galates
Octonovo, 2006
L'affaire Chefdebien ou l'affaire de Rennes-le-Château, Octonovo, 2010

Amadou Robert
L'affaire Chefdebien ou l'affaire de Rennes-le-Château, Octonovo, 2010

Amèlie-les-Bains
Un ami de l'abbé Saunière, le chanoine Grassaud, Geneniève
Beduneau 2010

Andrews Richard
Ma découverte de l'affaire de Rennes-le-Château au travers de
quelques livres, Marie-Christine Lignon, 2004

Andro Denis
La Bibliothèque de Bérenger, annexe III, 2015

Société **Angélique**
Notes au chapitre IV, 2006
Rennes-le-Château et la littérature, Michel Lamy, 2008

Antoni Roger
Ma découverte de l'affaire de Rennes-le-Château au travers de
quelques livres, Marie-Christine Lignon, 2004

Antonins
Antonins et Guilhemides, Geneviève Beduneau, 2009

D'**Argoun** Jean
Ma découverte de l'affaire de Rennes-le-Château au travers de
quelques livres, Marie-Christine Lignon, 2004
Les Ovni du Razès, Rémy Lechevalier, 2008

Arnaud Robert
Rennes-le-Château et les médias, Irène Omelianenko, Philippe Marlin,
Jean-Patrick Pourtal & Octonovo, 2004

Arles-sur-Tech
Un ami de l'abbé Saunière, le chanoine Grassaud, Geneniève
Beduneau, 2010
Entre Aude et Pyrénées, les sacralisations archaïques, Geneviève
Beduneau, 2014

Arz Claude
La Bibliothèque de Bérenger, annexe, 2013

Asmodée
Chroniques Castelrennaises, Daniel Castille, 2011

Association pour la Préservation de l'Ame de Rennes-le-Château (APARC)
Table ronde, 2007

Astrologie
Emma Calvé d'après son thème astral, Philippe Baschoux, 2006
Thème astral de Bérenger Saunière, Philippe Baschoux, 2006
Thèmes de Bérenger et Alfred Saunière, Dominique Dubois, 2008

Aude
Géographie économique et sociale du Département de l'Aude au temps de Saunière, Yves Lignon, 2013
Entre Aude et Pyrénées, les sacralisations archaïques, Geneviève Beduneau, 2014

Auriol Edouard
Edouard Auriol, éléments biographiques, Laurent Buchholtzer dit Octonovo, 2011

Azens Michel
La Bibliothèque de Bérenger, annexe II, 2010
La Bibliothèque de Bérenger, annexe, 2012

Azombo Jean-Louis Foumane
La Bibliothèque de Bérenger, annexe II, 2014

B

Baietti Georgio
Ma découverte de l'affaire de Rennes-le-Château au travers de quelques livres, Marie-Christine Lignon, 2004

Baigent Michael
Ma découverte de l'affaire de Rennes-le-Château au travers de quelques livres, Marie-Christine Lignon, 2004

Bande dessinée
La fiction castelrennaise, Philippe Marlin, 2005

Barail Géraud de
La Bibliothèque de Bérenger, annexe IV, 2011

Baschoux Philippe
Emma Calvé d'après son thème astral, Philippe Baschoux, 2006

Bataille Jean-Claude
La Bibliothèque de Bérenger, annexe III, 2009

Baudino Mario
La Bibliothèque de Bérenger, annexe III, 2009

Baulou
De Baulou à Falaise, Philippe Marlin, annexe II 2005

Bavoux Gérard
La fiction castelrennaise, Philippe Marlin, 2005

Bedu Jean-Jacques
Ma découverte de l'affaire de Rennes-le-Château au travers de quelques livres, Marie-Christine Lignon, 2004

Beduneau Geneviève
Antonins et Guilhemides, 2009
La Bibliothèque de Bérenger, annexe III, 2009
Un ami de l'abbé Saunière, le chanoine Grassaud, 2010
Jean de l'Ours, 2011
Plantard d'après les textes, 2012
Entre Aude et Pyrénées, les sacralisations archaïques, 2014
Les ancêtres de Boudet, 2015
Les chevaliers du Bézu et la pierre de Coumesourde, Geneiève Beduneau, 2015

Bélisane Editions
La Bibliothèque de Bérenger, annexe III, 2009

Ben Jacob Isaac
La Bibliothèque de Bérenger, annexe III, 2009

Bend Philippe
La Piste Catalane, 2009

Berlier Patrick
Notes au chapitre IV, 2006
La Bibliothèque de Bérenger, annexe, 2012

Bernadac Christian
La Bibliothèque de Bérenger, annexe III, 2009

Berry Steve
La Bibliothèque de Bérenger, annexe III, 2009

Bertroz Maria
Notes au Chapitre VII, 2007
La Piste Catalane, Philippe Bend, 2009

Betz Viviane
La Bibliothèque de Bérenger, annexe, 2013

Bézu
Rennes-le-Château et les Templiers, Georges Kiess, 2003
Les chevaliers du Bézu et la pierre de Coumesourde, Geneiève
Beduneau, 2015

Bibliothèque de Bérenger, La
Annexe, 2009
Annexe, 2010
Annexe, 2011
Annexe, 2012

Bigou, Antoine
Notes au Chapitre VII, 2007
La Piste Catalane, Philippe Bend, 2009
Annexe I, 2009

Bibliographies
Bibliographie sur Rennes-les-Bains et l'abbé Boudet, Philippe Marlin, 2015

Billard Monseigneur Félix, Arsène
Nouvelles lumières sur la comptabilité de l'abbé Saunière, Notice Laborde, Octonovo, 2005
Regards sur Notre-Dame de Marceille au 19e siècle : une contribution à l'affaire de Rennes-le-Château ? Gilles Semenou, 2014

Blanc-Delmas Germain
Souvenirs, 2003
La Bibliothèque de Bérenger, annexe, 2012

Blancasall Madeleine
Lectures mérovingiennes, Philippe Marlin, annexe IV, 2005

Bluche François
La fiction castelrennaise, Philippe Marlin, 2005

Blum Jean
Ma découverte de l'affaire de Rennes-le-Château au travers de quelques livres, Marie-Christine Lignon, 2004

Blum Jeannette
La Bibliothèque de Bérenger, annexe, 2012

Bloodline
La Bibliothèque de Bérenger, annexe II, 2010

Bois Jules
Promenade « au bon soin du hasard » sur le Méridien de Paris, Dominique Setzepfandt, 2003
Annexe au chapitre I, 2006

Bonnaves François, Sylvain, abbé
Bérenger Saunière et les Sociétés Savantes de son temps, Jérôme Choloux, annexe II, 2011

Bonnefoy Raymonde
Stenay et les Mérovingiens, Raymonde Bonnefoy, 2005

Bonnery André
Peut-on parler d'un razès wisigothique ?, 2012

Boudet Henri
Ma découverte de l'affaire de Rennes-le-Château au travers de quelques livres, Marie-Christine Lignon, 2004
Les livres cités dans *La Vraie Langue Celtique*, Marie-Christine Lignon, annexe VI, 2004
La Bibliothèque de Bérenger, annexe II, 2010
Bérenger Saunière et les Sociétés Savantes de son temps, Jérôme Choloux,, annexe II, 2011
La Bibliothèque de Bérenger, annexe, 2013
Henri Boudet, un mystère dans le mystère ? Yves Lignon, 2015
Le village de l'abbé Boudet ou la Rennes des Bains audoise, Kris Darquis, 2015
Henri Boudet, esquisse biographique, Yves Echaroux, 2015
Henri Boudet, un personnage de roman, 2015
Henri Boudet, pince sans rire de l'Eglise ou linguiste émérite, Jean-Claude Rossignol, 2015
Les ancêtres de Boudet, Geneviève Beduneau, 2015
Bibliographie sur Rennes-les-Bains et l'abbé Boudet, Philippe Marlin, 2015
Un exemple de décryptage de *La Vraie Langue Celtique*, Jean-Alain Sipra, 2015

Bourre Jean-Paul
La fiction castelrennaise, Philippe Marlin, 2005

Boyer Monseigneur
Une interview de Claire Corbu et Antoine Captier, 2010

Bram Emmanuel
La Bibliothèque de Bérenger, annexe III, 2009

Bren Arnaud
La Bibliothèque de Bérenger, annexe II, 2010
La Bibliothèque de Bérenger, annexe II, 2014

Bren Pierre
Ma découverte de l'affaire de Rennes-le-Château au travers de quelques livres, Marie-Christine Lignon, 2004

Broutin Jean
La Bibliothèque de Bérenger, annexe II, 2010

Brunelin Jean
La Bibliothèque de Bérenger, annexe III, 2009

Buchholtzer Laurent, dit Octonovo
Rennes-le-Château et les médias, Irène Omelianenko, Philippe Marlin, Jean-Patrick Pourtal & Octonovo, 2004
Nouvelles lumières sur la comptabilité de l'abbé Saunière, Octonovo, 2005
Pierre Plantard, Geneviève Zaepfell et les Alpha-Galates, 2006
L'abbé Saunière vu par l'abbé Izombard, Octonovo, 2008
Bérenger Saunière fut-il franc-maçon ?, Octonovo, 2009
L'affaire Chefdebien et l'affaire de Rennes-le-Château, 2010
La Bibliothèque de Bérenger, annexe II, 2010
Edouard Auriol, éléments biographiques, 2011
La généalogie de Pierre Plantard, 2012
Dujardin Beaumetz et l'affaire de Rennes-le-Château, 2013
Histoire sociologique de la franc-maçonnerie, 2013

Bugarach
Le Bugarach et les médias, Thomas Gottin, 2011
Excursions au pays des Merveilles, Véronique Campion-Vincent, 2012
Entre Aude et Pyrénées, les sacralisations archaïques, Geneviève Beduneau, 2014

Bulwer-Lytton
Sèvres et les Mérovingiens, Michel Schneider, 2008

Burrus Lionel
Lectures mérovingiennes, Philippe Marlin, annexe IV, 2005

Bussi Michel
La Bibliothèque de Bérenger, annexe IV, 2011

Buthion Henri
La Bibliothèque de Bérenger, annexe II, 2014

Buttegeg Stéphanie
Prix Bérenger Saunière, 2014
La Bibliothèque de Bérenger, annexe II, 2014
Les mines légendaires antiques de Rennes-les-Bains, Stéphanie
Buttegeg, La Bibliothèque de Bérenger annexe III, 2015

C

Cahiers de Terre de Rhedae
La Bibliothèque de Bérenger, annexe IV, 2011

Cals Claude
La fiction castelrennaise, Philippe Marlin, 2005

Calvé Emma
Promenade « au bon soin du hasard » sur le Méridien de Paris,
Dominique Setzepfandt, 2003
Esquisse biographique, Georges Girard, 2006
Emma Calvé d'après son thème astral, Philippe Baschoux, 2006
Emma Calvé, la Carmen 1900, annexe II, 2006
Le rôle occulte d'Emma Calvé, annexe I, 2006
La Bibliothèque de Bérenger, annexe IV, 2011

Campion-Vincent Véronique
Excursions au pays des Merveilles, 2012

Captier Antoine
Souvenirs, 2003
Ma découverte de l'affaire de Rennes-le-Château au travers de
quelques livres, Marie-Christine Lignon, 2004
Rennes-le-Château aujourd'hui, table ronde, 2007
Une interview de Claire Corbu et Antoine Captier, 2010
Prix Bérenger, 2013

Carchon Yves
La Bibliothèque de Bérenger, annexe II, 2014

Carnets Secrets
La Bibliothèque de Bérenger, annexe III, 2009

Cartes postales
Les cartes postales de l'abbé Saunière, Jérôme Choloux, 2012

Castex Henri
Lectures mérovingiennes, Philippe Marlin, annexe IV, 2005

Castille Daniel
Le Mystère Mérovingien, 2005
L'affaire de Rennes-le-Château, retour sur une mystification, 2008
Nicolas Poussin, Et in Arcadia Ego, 2009
Marie Madeleine, Eugène Delacroix, 2010
Asmodée, la Gemina Cristae, 2011
2012 ou 2042, annexe II, 2012

Cercle Catholique de Narbonne
L'affaire Chefdebien ou l'affaire de Rennes-le-Château, Octonovo, 2010

Chambord Comte et Comtesse
Les archives du Comte de Chambord, une lettre mystérieuse, Anna-Maria Mandelli, 2010

Chapelle du Saint-Sépulcre (Bésalu)
Notes au Chapitre VII, 2007
La Piste Catalane, Philippe Bend, 2009

Chaplin Patrice
Notes au Chapitre VII, 2007
La Piste Catalane, Philippe Bend, 2009
La Bibliothèque de Bérenger, annexe III, 2009

Chaumeil Jean-Luc
La Bibliothèque de Bérenger, annexe, 2013

Chefdebien (famille)
Un ami de l'abbé Saunière, le chanoine Grassaud, Geneniève Bedunaud, 2010

L'affaire Chefdebien ou l'affaire de Rennes-le-Château, Octonovo, 2010

Chérisey Philippe, de
La Tombe de Vals en Ariège, Philippe Marlin, 2007
Après-Propos à *Dagobert II et le mystère de la cité royale de Stenay*, Louiis Vazart (1983), annexe III, 2008
Il court, il court, le circuit, Paul Rouelle, 2010
La Bibliothèque de Bérenger, annexe II, 2010

Choloux Jérôme
Rennes-le-Château, chapitre vendéen, Jérôme Choloux, annexe V, 2005
Bérenger Saunière et les Sociétés Savantes de son temps, annexe II, 2011
Les cartes postales de l'abbé Saunière, 2012

Christianisme
Les origines du Christianisme, Jean-François Gérault, 2007

City of Secrets
Notes au Chapitre VII, 2007
La Piste Catalane, Philippe Bend, 2009

Clergé de l'Aude
L'état du clergé de l'Aude à l'époque de Bérenger Saunière, Gilles Sémenou, 2013

Codex Rhedae
La Bibliothèque de Bérenger, annexe IV, 2011

Coll A.
Bérenger Saunière et les Sociétés Savantes de son temps, Jérôme Choloux,, annexe II, 2011

Colloque
Dix ans de Colloque d'Etudes et de Recherches sur Rennes-le-Château, Philippe Marlin, 2013

Coma Louis de
De Baulou à Falaise, Philippe Marlin, annexe II 2005

Combe Georges
La Bibliothèque de Bérenger, annexe III, 2009

Combes Louis
Bérenger Saunière et les Sociétés Savantes de son temps, Jérôme Choloux, annexe II, 2011

Comptabilité
Nouvelles lumières sur la comptabilité de l'abbé Saunière, Octonovo, 2005

Convard Didier
La fiction castelrennaise, Philippe Marlin, 2005

Corbu Claire
Ma découverte de l'affaire de Rennes-le-Château au travers de quelques livres, Marie-Christine Lignon, 2004
Une interview de Claire Corbu et Antoine Captier, 2010
Prix Bérenger, 2013

Corbu Noël
Une interview de Claire Corbu et Antoine Captier, 2010

Coumesourde
Les chevaliers du Bézu et la pierre de Coumesourde, Geneiève Beduneau, 2015

Crookshank Hilton Robin
Mon âme est en paix à Saint-Sulpice, Robin Crookshank Hilton, 2003

D

Da Vinci Code, le
Note de lecture, Philippe Marlin, 2003
La fiction castelrennaise, Philippe Marlin, 2005
Le Da Vinci Code et les origines du christianisme, Jean-François Gérault, 2007

Daffos Franck
La Bibliothèque de Bérenger, annexe, 2013

Dagobert II
Stenay et les Mérovingiens, Raymonde Bonnefoy, 2005
Les origines de l'église de Sèvres, Louis Marquet , annexe II, 2008
Après-Propos à *Dagobert II et le mystère de la cité royale de Stenay*,
Louis Vazart (1983), annexe III, 2008

Dall'Acqua Jean-Bernard
La Bibliothèque de Bérenger, annexe III, 2009

Danis Jean-Claude
Notes au Chapitre IV, 2006

Daniel Jean-Claude
La Bibliothèque de Bérenger, annexe, 2012

Daniel René
La fiction castelrennaise, Philippe Marlin, 2005

Darquis Kris
Le village de l'abbé Boudet ou la Rennes des Bains audoise, 2015

Degua Jacques, abbé
Bérenger Saunière et les Sociétés Savantes de son temps, Jérôme
Choloux, annexe II, 2011

Delacroix Eugène
Marie Madeleine, Eugène Delacrois, Daniel Castille, 2010

Delalande Arnaud
La fiction castelrennaise, Philippe Marlin, 2005

Delascazes Henriette
La Bibliothèque de Bérenger, annexe II, 2014

Deloux Jean-Pierre
Lectures mérovingiennes, Philippe Marlin, annexe IV, 2005

Delpiroux Dominique
La Bibliothèque de Bérenger, annexe, 2013

Denarnaud Marie
Annexe II, 2009

Denis Vinciane
Ma découverte de l'affaire de Rennes-le-Château au travers de quelques livres, Marie-Christine Lignon, 2004

Descadeillas René
Ma découverte de l'affaire de Rennes-le-Château au travers de quelques livres, Marie-Christine Lignon, 2004
Quand Descadeillas maniait la pioche... par procuration, Yves Lignon, 2008

Devos Daniel
La Bibliothèque de Bérenger, annexe II, 2014

Doinel Jules
Rennes-le-Château, l'occultisme et les sociétés secrètes, Dominique Dubois, 2006

Dom Polycarpe de la Rivière
Notes au chapitre IV, 2006

Dossiers Secrets
Annexe, 2007

Doumergue Christian
Ma découverte de l'affaire de Rennes-le-Château au travers de quelques livres, Marie-Christine Lignon, 2004
La Reine Oubliée, Christian Doumergue, 2004
Notes au chapitre IV, 2006
Prix Bérenger Saunière 2011
La Bibliothèque de Bérenger, annexe III, 2015

Douzet André
Rennes-le-Château et les médias, Irène Omelianenko, Philippe Marlin, Jean-Patrick Pourtal & Octonovo, 2004
Opoul/Périllos sur France Culture, annexe VIII, 2004
Notes au chapitre IV, 2006

Dubois Dominique
Jules Bois, annexe au chapitre I, 2006
Prix Bérenger 2006
Rennes-le-Château, l'occultisme et les sociétés secrètes, Dominique
Dubois, 2006
Thèmes de Bérenger et Alfred Saunière, Dominique Dubois, 2008
Gracet d'Orcet, Dominique Dubois, 2009

Dujardin Beaumetz
Dujardin Beaumetz et l'affaire de Rennes-le-Château, Octonovo, 2013

Dugès Daniel
Notes au chapitre V, 2008
Bérenger Saunière fut-il franc-maçon ?, Octonovo 2009
La Bibliothèque de Bérenger, annexe II, 2010

Dumas Alexandre
Rennes-le-Château et la littérature, Michel Lamy, 2008

Dussaert Philippe
L'affaire Dussaert, Philippe Marlin, 2014

E

Echaroux Yves
Henri Boudet, esquisse biographique, Yves Echaroux, 2015

Echos du Plateau, Les
La Bibliothèque de Bérenger, annexe III, 2009

Eglise Marie-Madeleine de Rennes-le-Château
Au Tombeau des Seigneurs, Paul Saussez, 2004
Rennes-le-Château, les sondages oubliés, Paul Saussez, 2005
Point sur le dossier des fouilles concernant l'église de Rennes-le-
Château, Paul Saussez, 2012

Ennaert Christian
La Bibliothèque de Bérenger, annexe, 2012

Ernst Peter
La Bibliothèque de Bérenger, annexe III, 2009

Esotérisme
Rennes-le-Château, l'Occultisme et les Sociétés Secrètes, Dominique
Dubois 2006

Espalion Thierry
La Bibliothèque de Bérenger, annexe IV, 2011
La Bibliothèque de Bérenger, annexe II, 2014

Estienne d'Orves Nicolas d'
La Bibliothèque de Bérenger, annexe II, 2014

Estieu Prosper
Rennes-le-Château, l'occultisme et les sociétés secrètes, Dominique
Dubois, 2006
Le Félibrige, Prosper Estieu et Rennes-le-Château, Jean Fourié, 2011

L'**Estoile** Arnaud de
La Bibliothèque de Bérenger, annexe IV, 2011

L'**Estrange** Aymon de
Lectures mérovingiennes, Philippe Marlin, annexe IV, 2005

Etchegoin Marie-France
Lectures mérovingiennes, Philippe Marlin, annexe IV, 2005

Eternot Catherine
Le Tombeau de Jésus, 2007

Etoile de David
Les Sentiers de la Kabbale de Languedoc, Madeleine Ribot-Vinas,
2009

F

Falaise
De Baulou à Falaise, Philippe Marlin, annexe II 2005

L'affaire Chefdebien ou l'affaire de Rennes-le-Château, Octonovo, 2010
Histoire sociologique de la franc-maçonnerie, Octonovo, 2013

France Anatole
Rennes-le-Château et la littérature, Michel Lamy, 2008

Frébeau Ambroise & Mathieu
L'église Sainte-Marie de Marceille et la Vierge Noire, Jean-Claude Rossignol, 2010

Fugairon Docteur
Rennes-le-Château, l'occultisme et les sociétés secrètes, Dominique Dubois, 2006

G

Galamus, Ermitage de
Un ami de l'abbé Saunière, le chanoine Grassaud, Geneniève Bedunaud, 2010
Entre Aude et Pyrénées, les sacralisations archaïques, Geneviève Beduneau, 2014

Galaup André
Témoignage, 2003
Limoux et ses églises, André Galaup, 2007
Rennes-le-Château aujourd'hui, table ronde, 2007
La Bibliothèque de Bérenger, annexe II, 2014

Gasc, abbé
Regards sur Notre-Dame de Marceille au 19ᵉ siècle : une contribution à l'affaire de Rennes-le-Château ? Gilles Semenou, 2014

Gauthier Alain
La Bibliothèque de Bérenger, annexe, 2012

Gayot Paul
La fiction castelrennaise, Philippe Marlin, 2005

Gnose
La Bibliothèque de Bérenger, annexe, 2012

Godard Joël
Gisors, ses Mythes et Légendes, Joël Godard, 2004
Notes de lecture sur Gisors, Philippe Marlin, annexe II, 2004

Gottin Thomas
Le Bugarach et les médias, 2011
La Bibliothèque de Bérenger, annexe, 2013

Grassaud Chanoine
La Bibliothèque de Bérenger, annexe III, 2009
Un ami de l'abbé Saunière, le chanoine Grassaud, Geneniève Beduneau, 2010

Grasset d'Orcet
Dominique Dubois, 2009

Graisely Alex
La Bibliothèque de Bérenger, annexe, 2013

Grosjean Pierre
La fiction castelrennaise, Philippe Marlin, 2005

Guénon René
La Bibliothèque de Bérenger, annexe, 2012

Guieu Jimmy
Les Ovni du Razès, Rémy Lechevalier, 2008
Transcription (extrait) de la vidéo de Jimmy Guieu sur Rennes-le-Château, annexe I, 2008

Guiraud Jean
L'affaire Chefdebien ou l'affaire de Rennes-le-Château, Octonovo, 2010

H

Hautpoul
Les archives du Comte de Chambord, une lettre mystérieuse, Anna-Maria Mandelli, 2010

Héricart de Thury
La Bibliothèque de Bérenger, annexe, 2013

Hermite Antoine, L'
Lectures mérovingiennes, Philippe Marlin, annexe IV, 2005

Hiéron du Val d'Or, Le
Le culte du Sacré-Cœur et le Mystère de Rennes-le-Château, Guy Patton, 2003

Hivert Bernard
Ma découverte de l'affaire de Rennes-le-Château au travers de quelques livres, Marie-Christine Lignon, 2004

Hostelaert Nelly
La Bibliothèque de Bérenger, annexe, 2013

I

Italie, Rennes-le-Château et l'
Marie-Christine Lignon & Anna-Maria Mandelli, 2007

Introvigne Massimo
La Bibliothèque de Bérenger, annexe II, 2010

Izombard (abbé)
L'abbé Saunière vu par l'abbé Izombard, Octonovo, 2008

J

Jarnac Pierre
Ma découverte de l'affaire de Rennes-le-Château au travers de quelques livres, Marie-Christine Lignon, 2004

La Tombe de Vals en Ariège, Philippe Marlin, 2007
La Bibliothèque de Bérenger, annexe, 2012
La Bibliothèque de Bérenger, annexe, 2013

Jean Gérard
La vie sociale, politique et religieuse dans l'arrondissement de Limoux à la fin du XIXe siècle, Gérard Jean, 2007

Jeanlin
La Bibliothèque de Bérenger, annexe III, 2015

Jean de l'Ours
Jean de l'Ours, Geneviève Beduneau, 2011

Jean-Pierre (Juge)
Notes au chapitre VI, 2006

Johnson Eric
La fiction castelrennaise, Philippe Marlin, 2005

Jordy Michel
Bérenger Saunière et les Sociétés Savantes de son temps, Jérôme Choloux, annexe II, 2011

Judaïsme
Les Sentiers de la Kabbale de Languedoc, Madeleine Ribot-Vinas, 2009

Jude Paul
La Bibliothèque de Bérenger, annexe IV, 2011

K

Kabbale
Les Sentiers de la Kabbale de Languedoc, Madeleine Ribot-Vinas, 2009

Khaitzine Richard
Ma découverte de l'affaire de Rennes-le-Château au travers de quelques livres, Marie-Christine Lignon, 2004

Quand Descadeillas maniait la pioche…. par procuration, 2008
Les voyages ferroviaires de Bérenger Saunière, 2009
Géographie économique et sociale du Département de l'Aude au temps de Saunière, 2013
Bérenger Saunière et le trésor des wisigoths, 2014
La Bibliothèque de Bérenger, annexe II, 2014
Henri Boudet, un mystère dans le mystère, 2015

Limoux
Limoux et ses églises, André Galaup, 2007
Regards sur Notre-Dame de Marceille au 19ème siècle : une contribution à l'affaire de Rennes-le-Château ? Gilles Semenou, 2014

Lincoln Henry
Ma découverte de l'affaire de Rennes-le-Château au travers de quelques livres, Marie-Christine Lignon, 2004
Rencontre avec Henry Lincoln, annexe V, 2004
Lectures mérovingiennes, Philippe Marlin, annexe IV, 2005
La vie sociale, politique et religieuse dans l'arrondissement de Limoux à la fin du XIXe siècle, Gérard Jean, 2007
Rennes-le-Château aujourd'hui, table ronde, 2007

Littérature
Ma découverte de l'affaire de Rennes-le-Château au travers de quelques livres, Marie-Christine Lignon, 2004
La fiction castelrennaise, Philippe Marlin, 2005
Rennes-le-Château et la littérature, Michel Lamy, 2008

Livre Jaune
La fiction castelrennaise, Philippe Marlin, 2005

Lobineau Henri
Lectures mérovingiennes, Philippe Marlin, annexe IV, 2005

Loevenbuck Henri
La fiction castelrennaise, Philippe Marlin, 2005

Lovecraft Howard Phillips
La fiction castelrennaise, Philippe Marlin, 2005

Retour sur la Colline, Philippe Marlin & Jean Robin, 2014

Ludianov Henri
La Bibliothèque de Bérenger, annexe, 2012

Luminais Evariste-Vital
La Bibliothèque de Bérenger, annexe, 2012

Lunel
Les Sentiers de la Kabbale de Languedoc, Madeleine Ribot-Vinas, 2009

Lupin Arsène
Rennes-le-Château et la littérature, Michel Lamy, 2008

Lupin Gérard
Ma découverte de l'affaire de Rennes-le-Château au travers de quelques livres, Marie-Christine Lignon, 2004

M

Macquet Jean-Christophe
La fiction castelrennaise, Philippe Marlin, 2005

Magdalena Grif I
La Bibliothèque de Bérenger, annexe IV, 2011

Magre Maurice
Notes au chapitre IV, 2006

Malacan (Docteur)
Quand Descadeillas maniait la pioche.... par procuration, Yves Lignon, 2008
Bérenger Saunière et le trésor des wisigoths, Yves Lignon, 2014

Malric Henri
Bérenger Saunière et les Sociétés Savantes de son temps, Jérôme Choloux, annexe II, 2011

La Bibliothèque de Bérenger, annexe III, 2009
Dix ans de Colloque d'Etudes et de Recherches sur Rennes-le-Château, Philippe Marlin, 2013
Retour sur la Colline, Philippe Marlin & Jean Robin, 2014
L'affaire Dussaert, Philippe Marlin, 2014
Bibliographie sur Rennes-les-Bains et l'abbé Boudet, Philippe Marlin, 2015
La bibliothèque de Bérenger, annexe III, 2015

Marquet Louis
Les origines de l'église de Sèvres, Louis Marquet , annexe II, 2008

Mathelié-Guinlet Guy
Ma découverte de l'affaire de Rennes-le-Château au travers de quelques livres, Marie-Christine Lignon, 2004

Mathieu Roger
Notes au Chapitre VII, 2007
La Piste Catalane, Philippe Bend, 2009

Martinisme
Rennes-le-Château, l'occultisme et les sociétés secrètes, Dominique Dubois, 2006

Maynard Antoine
Bérenger Saunière et les Sociétés Savantes de son temps, Jérôme Choloux, annexe II, 2011

Mèche, abbé
Regards sur Notre-Dame de Marceille au 19ᵉ siècle : une contribution à l'affaire de Rennes-le-Château ? Gilles Semenou, 2014

Médias
Rennes-le-Château et les médias, Irène Omelianenko, Philippe Marlin, Jean-Patrick Pourtal & Octonovo, 2004

Memory Map
Mon âme est en paix à Saint-Sulpice, Robin Crookshank Hilton, 2003

Mendl Françoise
La fiction castelrennaise, Philippe Marlin, 2005

Mensior Patrick
Ma découverte de l'affaire de Rennes-le-Château au travers de quelques livres, Marie-Christine Lignon, 2004
Prix Bérenger, 2007
Interview de Jean Fourié, annexe I, 2011
La Bibliothèque de Bérenger, annexe, 2013

Méridien de Paris
Promenade « au bon soin du hasard » sur le Méridien de Paris, Dominique Setzepfandt, 2003

Mérovingiens
Stenay et les Mérovingiens, Raymonde Bonnefoy, 2005
Le Mystère Mérovingien, Daniel Castille, 2005
Stenay et le Mythe, Philippe Marlin, annexe I, 2005
Lectures mérovingiennes, Philippe Marlin, annexe IV, 2005
Sèvres et les Mérovingiens, Michel Schneider, 2008
Transcript (extrait) de la vidéo de Jimmy Guieu sur Rennes-le-Château, annexe I, 2008
Après-Propos à *Dagobert II et le mystère de la cité royale de Stenay*, Luois Vazart (1983), annexe III, 2008
La farce de la Race Fabuleuse, Paul Rouelle, 2014

Migault R.P.
L'église Sainte-Marie de Marceille et la Vierge Noire, Jean-Claude Rossignol, 2010

Monastère Dynamité
De Baulou à Falaise, Philippe Marlin, annexe II 2005

Monde de la Bible, Le
La Bibliothèque de Bérenger, annexe III, 2009

Monnaies antiques
Une collection de monnaies antiques à Rennes-les-Bains au 19ᵉ siècle, Edwige Praca, 2013

Mosse Kate
La Bibliothèque de Bérenger, annexe II, 2010

Mougenot Jacques
L'affaire Dussaert, Philippe Marlin, 2014

Mouny Guy-Claude
Ma découverte de l'affaire de Rennes-le-Château au travers de quelques livres, Marie-Christine Lignon, 2004

Murat Jean-Louis
Ma découverte de l'affaire de Rennes-le-Château au travers de quelques livres, Marie-Christine Lignon, 2004

Mystification
L'affaire de Rennes-le-Château, retour sur une mystification, Daniel Castille, 2008

N

Nau Bernard
(voir Araund de Bren)

Nelson Arvid
La fiction castelrennaise, Philippe Marlin, 2005

Nia
La fiction castelrennaise, Philippe Marlin, 2005

Nolane Richard D.
La Bibliothèque de Bérenger, annexe II, 2014

Notre-Dame de Marceille
Notre-Dame de Marceille et Rennes-le-Château, deux affaires liées, Philippe Marlin, note au chapitre II, 2007
Limoux et ses églises, André Galaup, 2007
L'église Sainte-Marie de Marceille et la Vierge Noire, Jean-Claude Rossignol, 2010
Entre Aude et Pyrénées, les sacralisations archaïques, Geneviève Beduneau, 2014

Regards sur Notre-Dame de Marceille au 19e siècle : une contribution à l'affaire de Rennes-le-Château ? Gilles Semenou, 2014

Noubel Guillaume
Bérenger Saunière et les Sociétés Savantes de son temps, Jérôme Choloux, annexe II, 2011

O

Occultisme
Rennes-le-Château, l'occultisme et les sociétés secrètes, Dominique Dubois, 2006

Omelianenko Irène
Rennes-le-Château et les médias, Irène Omelianenko, Philippe Marlin, Jean-Patrick Pourtal & Octonovo, 2004

Octonovo
Voir Buchholzer Laurent

Opoul/Périllos
Opoul/Périllos sur France Culture, annexe VIII, 2004

Ovni
Les Ovni du Razès, Rémy Lechevalier, 2008
Il court, il court, le circuit, Paul Rouelle, 2010

P

Paoli Mathieu
Ma découverte de l'affaire de Rennes-le-Château au travers de quelques livres, Marie-Christine Lignon, 2004
Lectures mérovingiennes, Philippe Marlin, annexe IV, 2005

Parle-moi de Rennes-le-Château
La Bibliothèque de Bérenger, annexe III, 2009
La Bibliothèque de Bérenger, annexe II, 2010
La Bibliothèque de Bérenger, annexe IV, 2011
La Bibliothèque de Bérenger, annexe, 2012

Patton Guy
Le culte du Sacré-Cœur et le Mystère de Rennes-le-Château, Guy Patton, 2003
La Bibliothèque de Bérenger, annexe III, 2009

Paul Roger
Les Ovni du Razès, Rémy Lechevalier, 2008

Pégase
La Bibliothèque de Bérenger, annexe III, 2009
La Bibliothèque de Bérenger, annexe II, 2010

Pelet Jean
La Bibliothèque de Bérenger, annexe II, 2014

Philadelphes de Narbonne
L'affaire Chefdebien ou l'affaire de Rennes-le-Château, Octonovo, 2010

Picknett Lynn
Notes au Chapitre VII, 2007
La Piste Catalane, Philippe Bend, 2009

Piedevigne Gérard
La Bibliothèque de Bérenger, annexe IV, 2011

Plantard Pierre
Mon âme est en paix à Saint-Sulpice, Robin Crookshank Hilton, 2003
Notes de lecture sur Gisors, Philippe Marlin, annexe II, 2004
Octonovo, 2006
La Tombe de Vals en Ariège, Philippe Marlin, 2007
L'affaire Chefdebien ou l'affaire de Rennes-le-Château, Octonovo, 2010
Jean de l'Ours, Geneviève Beduneau, 2011
Plantard d'après les textes, Geneviève Beduneau, 2012
La Généalogie de Pierre Plantard, 2012
Le dossier immobilier de Pierre Plantard à Rennes-les-Bains, annexe I, 2012
La farce de la Race Fabuleuse, Paul Rouelle, 2014

R

Rahn Otto
La Bibliothèque de Bérenger, annexe III, 2009
Ruheloses Leben, Rudolf Rahn, Paul Rouelle, 2011

Rahn Rudolf
Ruheloses Leben, Rudolf Rahn, Paul Rouelle, 2011

Ravenne Jacques
La Bibliothèque de Bérenger, annexe IV, 2011
La Bibliothèque de Bérenger, annexe, 2013

Raynaud Michel
Bérenger Saunière et les Sociétés Savantes de son temps, Jérôme Choloux, annexe II, 2011

Razès wisigothique
Peut-on parler d'un Razès wisigothique ?, André Bonnery, 2012

Règne Arlette
Ma découverte de l'affaire de Rennes-le-Château au travers de quelques livres, Marie-Christine Lignon, 2004

Rennes-les-Bains
Le dossier immobilier de Pierre Plantard à Rennes-les-Bains, annexe I, 2012
Le village de l'abbé Boudet ou la Rennes des Bains audoise, Kris Darquis, 2015
Bibliographie sur Rennes-les-Bains et l'abbé Boudet, Philippe Marlin, 2015
Les mines légendaires antiques de Rennes-les-Bains, Stéphanie Buttegeg, annexe III, 2015

Rennes Observer
La Bibliothèque de Bérenger, annexe III, 2009

Revel Rodolphe
La Bibliothèque de Bérenger, annexe III, 2015

Ribot-Vinas Madeleine
Les Sentiers de la Kabbale de Languedoc, 2009

Rivaud Evelyne
La Bibliothèque de Bérenger, annexe III, 2015

Rivière Jacques
Ma découverte de l'affaire de Rennes-le-Château au travers de quelques livres, Marie-Christine Lignon, 2004

Robin Jean
Ma découverte de l'affaire de Rennes-le-Château au travers de quelques livres, Marie-Christine Lignon, 2004
Retour sur la Colline, 2014

Robin Jean-Luc
Le Secret de Saunière, 2006
Rennes-le-Château aujourd'hui, table ronde, 2007
Prix Bérenger 2008

Roc Nègre
Le dossier immobilier de Pierre Plantard à Rennes-les-Bains, annexe I, 2012

Roché Déodat
Rennes-le-Château, l'occultisme et les sociétés secrètes, Dominique Dubois, 2006

Rollat **Thierry**
La Bibliothèque de Bérenger, annexe II, 2010

Rose+Croix
Rennes-le-Château, l'occultisme et les sociétés secrètes, Dominique Dubois, 2006

Rossignol Jean-Claude
L'église Sainte-Marie de Marceille et la Vierge Noire, 2010
Henri Boudet, pince sans rire de l'Eglise ou linguiste émérite, 2015

Rossoni David
Introduction, Yves Lignon, 2011
La Bibliothèque de Bérenger, annexe, 2012

Rouelle Paul
La Bibliothèque de Bérenger, annexe III, 2009
Il court, il court, le circuit, 2010
Ruheloses Leben, Rudolf Rahn, 2011
La farce de la Race Fabuleuse, 2014

Roudière Henri
Bérenger Saunière et les Sociétés Savantes de son temps, Jérôme Choloux, annexe II, 2011

Rousseau Christelle
La Bibliothèque de Bérenger, annexe, 2012

Roussel Raymond
Rennes-le-Château et la littérature, Michel Lamy, 2008

Roussel de la Perrière Christophe
Voir Ben Jacob Isaac

Roux S.
Lectures mérovingiennes, Philippe Marlin, annexe IV, 2005

Rucca Ollivier
La Bibliothèque de Bérenger, annexe III, 2009

S

Sabatier Michel
Bérenger Saunière et les Sociétés Savantes de son temps, Jérôme Choloux, annexe II, 2011

Sabarthès Antoine, abbé
Bérenger Saunière et les Sociétés Savantes de son temps, Jérôme Choloux, annexe II, 2011

Sainte-Baume
Marie Madeleine, Eugène Delacrois, Daniel Castille, 2010

Sacré-Cœur
Le culte du Sacré-Cœur et le Mystère de Rennes-le-Château, Guy Patton, 2003

Saint-Louis de Gonzague
Un ami de l'abbé Saunière, le chanoine Grassaud, Geneniève Bedunaud, 2010

Saint-Paul de Fenouillet
La Bibliothèque de Bérenger, annexe III, 2009
Un ami de l'abbé Saunière, le chanoine Grassaud, Geneniève Bedunaud, 2010
Entre Aude et Pyrénées, les sacralisations archaïques, Geneviève Beduneau, 2014

Saint-Sulpice
Mon âme est en paix à Saint-Sulpice, Robin Crookshank Hilton, 2003
Un ami de l'abbé Saunière, le chanoine Grassaud, Geneniève Bedunau, 2010
Marie Madeleine, Eugène Delacroix, Daniel Castille, 2010

Salaün André
La Bibliothèque de Bérenger, annexe, 2013

Sandri Gino
Mon âme est en paix à Saint-Sulpice, Robin Crookshank Hilton, 2003
Notes au chapitre IV, 2006

Samson Charly
La Bibliothèque de Bérenger, annexe, 2013

Sarda Aimé
La Bibliothèque de Bérenger, annexe III, 2009

Schneider Michel
Sèvres et les Mérovingiens, Michel Schneider, 2008

Sède Gérard, de
Notes de lecture sur Gisors, Philippe Marlin, annexe II, 2004
Réactions de Gérard de Sède à la critique, annexe III, 2004
Ma découverte de l'affaire de Rennes-le-Château au travers de quelques livres, Marie-Christine Lignon, 2004
Notes biographiques, Marie-Christine Lignon, 2005
Lectures mérovingiennes, Philippe Marlin, annexe IV, 2005
Prix Bérenger, 2007
Il court, il court, le circuit, Paul Rouelle, 2010
La farce de la Race Fabuleuse, Paul Rouelle, 2014

Sémenou Abbé
L'église Sainte-Marie de Marceille et la Vierge Noire, Jean-Claude Rossignol, 2010
L'état du clergé de l'Aude à l'époque de Bérenger Saunière, Gilles Sémenou, 2013
Regards sur Notre-Dame de Marceille au 19ᵉ siècle : une contribution à l'affaire de Rennes-le-Château ? 2014

Serpent Rouge
Mon âme est en paix à Saint-Sulpice, Robin Crookshank Hilton, 2003

Setzepfandt Dominique
Promenade « au bon soin du hasard » sur le Méridien de Paris, Dominique Setzepfandt, 2003

Sèvres
Sèvres et les Mérovingiens, Michel Schneider, 2008
Transcript (extrait) de la vidéo de Jimmy Guieu sur Rennes-le-Château, annexe I, 2008
Les origines de l'église de Sèvres, Louis Marquet , annexe II, 2008

Serpent Rouge
Mon âme est en paix à Saint-Sulpice, Robin Crookshank Hilton, 2003

Sherlock Holmes
La fiction castelrennaise, Philippe Marlin, 2005

Silvain P
Ma découverte de l'affaire de Rennes-le-Château au travers de quelques livres, Marie-Christine Lignon, 2004
La Bibliothèque de Bérenger, annexe IV, 2011

Sipra Jean Alain
Ma découverte de l'affaire de Rennes-le-Château au travers de quelques livres, Marie-Christine Lignon, 2004
Un exemple de décryptage de la Vraie Langue Celtique, 2015

Société Périllos
André Douzet, introduction, 2003
La Bibliothèque de Bérenger, annexe III, 2009

Sociétés Savantes
Bérenger Saunière et les Sociétés Savantes de son temps, Jérôme Choloux, annexe II, 2011

Sociétés Secrètes
Rennes-le-Château, l'occultisme et les sociétés secrètes, Dominique Dubois, 2006

Sondages
Rennes-le-Château, les sondages oubliés, Paul Saussez, 2005

Soquet Jean-Louis
La Bibliothèque de Bérenger, annexe II, 2014

Souvenirs
Antoine Captier, Germain Blanc-Delmas, André Galaup, 2003

Steiner Rudolf
Rennes-le-Château, l'occultisme et les sociétés secrètes, Dominique Dubois, 2006

Stenay
Stenay et les Mérovingiens, Raymonde Bonnefoy, 2005
Stenay et le Mythe, Philippe Marlin, annexe I, 2005
Transcription (extrait) de la vidéo de Jimmy Guieu sur Rennes-le-Château, annexe I, 2008
Après-Propos à Dagobert II et le mystère de la cité royale de Stenay, Louis Vazart (1983), annexe III, 2008

Stublein Eugène
Lectures mérovingiennes, Philippe Marlin, annexe IV, 2005

Sud Radio
Introduction, 2007

Szlatala David
La Bibliothèque de Bérenger, annexe IV, 2011

T

Templiers
Rennes-le-Château et les Templiers, Georges Kiess, 2003

Terre de Rhedae
La Bibliothèque de Bérenger, annexe III, 2009
La Bibliothèque de Bérenger, annexe II, 2010
La Bibliothèque de Bérenger, annexe, 2012
La Bibliothèque de Bérenger, annexe, 2013

Thibault Emmanuel
Rennes-le-Château aujourd'hui, table ronde, 2007

Thibaux Jean-Michel
Ma découverte de l'affaire de Rennes-le-Château au travers de quelques livres, Marie-Christine Lignon, 2004
La fiction castelrennaise, Philippe Marlin, 2005
La Bibliothèque de Bérenger, annexe II, 2014

Tirand, Paul
Bérenger Saunière fut-il franc-maçon ?, Octonovo 2009

Tombe de la Marquise de Hautpoul, La
La Tombe de Vals en Ariège, Philippe Marlin, 2007
Les Champs de l'Or Maudit, Marie-Christine Lignon, 2007

Tombe de Vals en Ariège, La
Philippe Marlin, 2007

Tombeau de Jésus, Le
Annexe II, Catherine Eternot, 2007

Tombeau des Seigneurs, Le
Rennes-le-Château, les sondages oubliés, Paul Saussez, 2005

Tourdès Maria
Notes au Chapitre VII, 2007
La Piste Catalane, Philippe Bend, 2009

Tournié Jean-Yves
La Bibliothèque de Bérenger, annexe IV, 2011

Tragan Narcisse
Bérenger Saunière et les Sociétés Savantes de son temps, Jérôme
Choloux, annexe II, 2011

Trésor
Bérenger Saunière et le trésor des wisigoths, Yves Lignon, 2014

Twyman Tracy R.
Lectures mérovingiennes, Philippe Marlin, annexe IV, 2005

U

Ufologie
Les Ovni du Razès, Rémy Lechevalier, 2008

Ulpian
Voir Silvain P.

V

Vaincre
L'affaire Chefdebien ou l'affaire de Rennes-le-Château, Octonovo, 2010

Vals en Ariège
La Tombe de Vals en Ariège, Philippe Marlin, 2007
Annexe I, 2007

Van Buren Elisabeth
Les Ovni du Razès, Rémy Lechevalier, 2008

Vazart Louis
Lectures mérovingiennes, Philippe Marlin, annexe IV, 2005
Après-Propos à Dagobert II et le mystère de la cité royale de Stenay,
Louiis Vazart (1983), annexe III, 2008

Vendée
Rennes-le-Château, chapitre vendéen, Jérôme Choloux, annexe V, 2005

Verne Jules
Rennes-le-Château et la littérature, Michel Lamy, 2008

Vézelay
Marie Madeleine, Eugène Delacrois, Daniel Castille, 2010

Viam della Rosa
La fiction castelrennaise, Philippe Marlin, 2005

Vie sociale, politique et religieuse dans l'arrondissement de Limoux à
la fin du XIXe siècle, La
Gérard Jean, 2007

Vierges Noires
L'église Sainte-Marie de Marceille et la Vierge Noire, Jean-Claude
Rossignol, 2010

W

Warren Raoul de
Lectures mérovingiennes, Philippe Marlin, annexe IV, 2005

Wisigoths
Peut-on parler d'un Razès wisigothique ?, André Bonnery, 2012
Bérenger Saunière et le trésor des wisigoths, Yves Lignon, 2014

Wostrikov Wladimir
La Bibliothèque de Bérenger, annexe II, 2014

Z

Zaepfell Geneviève
Octonovo, 2006

Zanoni
Sèvres et les Mérovingiens, Michel Schneider, 2008

POURQUOI ADHERER A L'ODS

En plus de rassembler toute une « faune de l'espace » passionnée de littératures de l'imaginaire, science-fiction, fantastique, fantasy, etc et tant de chercheurs érudits des univers de l'étrange, l'ODS est une association active qui organise ou coordonne de nombreux événements dans les domaines qui nous intéressent.

C'est un fait que l'activité de publication de fanzines qui était son expression principale à ses débuts a dû être transférée vers notre maison d'édition, EODS, faute de lecteurs assidus dans un secteur qui s'est peu à peu reporté vers le web. Certaines revues ont disparu, d'autres sont nées à cette occasion. Force est de nous adapter au potentiel du lectorat d'aujourd'hui, et nous voilà au XXIe siècle !

Toutefois, tout en nous adaptant, nous tenons, à l'ODS, à préserver cette convivialité qui fut toujours la première motivation de notre existence associative. C'est pourquoi nous poursuivons avant tout l'organisation de rencontres, conférences, congrès, dîners thématiques et autres missions scientifiques autour des thèmes qui nous sont chers. Participer à ces nombreuses activités, les organiser ou permettre à certains invités de venir y présenter leurs travaux, voilà aujourd'hui la vocation de l'ODS. Ainsi, tout au long de l'année, vous êtes conviés à nous rejoindre lors de dîners informels, comme celui du Nouvel Eon en janvier, et toutes sortes de rencontres à thèmes intitulées « on the spot », selon le calendrier de la venue d'auteurs en région parisienne, ainsi qu'à des colloques de haute teneur dont ceux organisés à Rennes-le-Château (ARTBS) ou à Paris comme le Congrès Fortéen, les journées Heuvelmans ou Jacques Bergier, etc, mais aussi à nous rendre visite sur les stands des nombreuses conventions auxquels nous participons.

L'organisation de ces événements et la participation de l'association à ceux organisés par d'autres sont aujourd'hui devenus notre activité principale, car c'est ce qui fait vivre notre univers littéraire et préserve ce caractère unique qui nous plaît. Si certains supports de lecture disparaissent petit à petit au profit de medias plus modernes – du fanzine au webzine, des listes de discussions aux réseaux sociaux, etc. – il reste que nous sommes tous attachés aux livres originaux au format papier, non seulement à l'objet que l'on peut aujourd'hui commander en trois clics, mais surtout à ce qui va autour, c'est-à-dire les rencontres, les discussions, le partage et les possibles collaborations qui s'improvisent au gré des initiatives de nos membres les plus passionnés et, bien entendu, au plaisir de lire !

La participation de chacun à cette fourmillante activité littéraire et autour de la littérature se coordonne le plus simplement possible par le moyen de notre association, et c'est la raison d'être de l'ODS. En y adhérant, et surtout en participant par votre présence et votre concours à ces rencontres, ainsi qu'à la naissance et la réalisation de nouveaux projets, vous nous aidez à prolonger la vie de notre multivers littéraire. Bienvenue à tous et merci pour votre présence !

Emmanuel Thibault, membre du Conseil de AODS.

LES ÉDITIONS DE L'ŒIL DU SPHINX

SARL au capital de 15.245 €

R.C.S. Paris B 432 025 864 (2000 B11249)

36-42 rue de la Villette
75019 PARIS
Mail ods@oeildusphinx.com
http://www.œildusphinx.com
Tél 09.75.32.33.55
Fax 01.42.01.05.38

Toutes nos parutions sont sur :
boutique.oeildusphinx.com

www.ingramcontent.com/pod-product-compliance
Lightning Source LLC
Chambersburg PA
CBHW071247150726
48001CB00018B/331